"十三五"国家重点出版物出版规划项目
岩石力学与工程研究著作丛书

建筑挖填方边坡工程评价与计算

姚爱军　金永军　田治州　王　艳　著

科 学 出 版 社

北　京

内 容 简 介

本书综合分析了建筑挖填方边坡工程的特点,分别对瑞典条分法、简化毕肖普法、传递系数法(含显式算法和隐式算法)、萨尔玛法(考虑透水介质和不透水介质的两类算法)等方法进行了改进,提出有限随机追踪法与单纯形优化算法耦合的潜在滑动面高效搜索方法,大大提高了危险滑动面的搜索效率。在此基础上,研发了算法合理、功能实用、界面友好、运算效率高、评价结果可靠的计算机软件,并进行了工程实例分析与验证。

本书可供土木工程、地质工程、水利工程、岩土力学等领域的科研人员和高等院校相关专业的师生参考使用。

图书在版编目(CIP)数据

建筑挖填方边坡工程评价与计算 / 姚爱军等著. — 北京:科学出版社,2024.5. — (岩石力学与工程研究著作丛书). — ISBN 978-7-03-078789-7

Ⅰ. U416.1

中国国家版本馆CIP数据核字第2024N6V839号

责任编辑:刘宝莉 / 责任校对:任苗苗
责任印制:赵 博 / 封面设计:图阅社

科 学 出 版 社 出版
北京东黄城根北街 16 号
邮政编码:100717
http://www.sciencep.com
北京富资园科技发展有限公司印刷
科学出版社发行 各地新华书店经销

*

2024 年 5 月第 一 版 开本:720×1000 1/16
2025 年 1 月第二次印刷 印张:12
字数:240 000
定价:108.00 元
(如有印装质量问题,我社负责调换)

"岩石力学与工程研究著作丛书"编委会

名誉主编： 孙　钧　　王思敬　　钱七虎　　谢和平

主　　编： 冯夏庭　　何满潮

副 主 编： 康红普　　李术才　　潘一山　　殷跃平　　周创兵

秘 书 长： 黄理兴　　刘宝莉

编　　委：（按姓氏汉语拼音排序）

蔡美峰	曹　洪	陈卫忠	陈云敏	陈志龙
邓建辉	杜时贵	杜修力	范秋雁	冯夏庭
高文学	郭熙灵	何昌荣	何满潮	黄宏伟
黄理兴	蒋宇静	焦玉勇	金丰年	景海河
鞠　杨	康红普	李　宁	李　晓	李海波
李建林	李世海	李术才	李夕兵	李小春
李新平	廖红建	刘宝莉	刘大安	刘汉东
刘汉龙	刘泉声	吕爱钟	潘一山	戚承志
任辉启	佘诗刚	盛　谦	施　斌	宋胜武
谭卓英	唐春安	汪小刚	王　驹	王　媛
王金安	王明洋	王旭东	王学潮	王义峰
王芝银	邬爱清	谢富仁	谢雄耀	徐卫亚
薛　强	杨　强	杨更社	杨光华	殷跃平
岳中琦	张金良	张强勇	赵　文	赵阳升
郑　宏	郑炳旭	周创兵	朱合华	朱万成

"岩石力学与工程研究著作丛书"序

随着西部大开发等相关战略的实施，国家重大基础设施建设正以前所未有的速度在全国展开：在建、拟建水电工程达 30 多项，大多以地下硐室（群）为其主要水工建筑物，如龙滩、小湾、三板溪、水布垭、虎跳峡、向家坝等水电站，其中白鹤滩水电站的地下厂房高达 90m、宽达 35m、长 400 多米；锦屏二级水电站 4 条引水隧道，单洞长 16.67km，最大埋深 2525m，是世界上埋深与规模均为最大的水工引水隧洞；规划中的南水北调西线工程的隧洞埋深大多在 400～900m，最大埋深 1150m。矿产资源与石油开采向深部延伸，许多矿山采深已达 1200m 以上。高应力的作用使得地下工程冲击地压显现剧烈，岩爆危险性增加，巷（隧）道变形速度加快、持续时间长。城镇建设与地下空间开发、高速公路与高速铁路建设日新月异。海洋工程（如深海石油与矿产资源的开发等）也出现方兴未艾的发展势头。能源地下储存、高放核废物的深地质处置、天然气水合物的勘探与安全开采、CO_2 地下隔离等已引起高度重视，有的已列入国家发展规划。这些工程建设提出了许多前所未有的岩石力学前沿课题和亟待解决的工程技术难题。例如，深部高应力下地下工程安全性评价与设计优化问题，高山峡谷地区高陡边坡的稳定性问题，地下油气储库、高放核废物深地质处置库以及地下 CO_2 隔离层的安全性问题，深部岩体的分区碎裂化的演化机制与规律，等等。这些难题的解决迫切需要岩石力学理论的发展与相关技术的突破。

近几年来，863 计划、973 计划、"十一五"国家科技支撑计划、国家自然科学基金重大研究计划以及人才和面上项目、中国科学院知识创新工程项目、教育部重点（重大）与人才项目等，对攻克上述科学与工程技术难题陆续给予了有力资助，并针对重大工程在设计和施工过程中遇到的技术难题组织了一些专项科研，吸收国内外的优势力量进行攻关。在各方面的支持下，这些课题已经取得了很多很好的研究成果，并在国家重点工程建设中发挥了重要的作用。目前组织国内同行将上述领域所研究的成果进行了系统的总结，并出版"岩石力学与工程研究著作丛书"，值得钦佩、支持与鼓励。

该丛书涉及近几年来我国围绕岩石力学学科的国际前沿、国家重大工程建设中所遇到的工程技术难题的攻克等方面所取得的主要创新性研究成果，包括深部及其复杂条件下的岩体力学的室内、原位试验方法和技术，考虑复杂条件与过程

（如高应力、高渗透压、高应变速率、温度-水流-应力-化学耦合）的岩体力学特性、变形破裂过程规律及其数学模型、分析方法与理论，地质超前预报方法与技术，工程地质灾害预测预报与防治措施，断续节理岩体的加固止裂机理与设计方法，灾害环境下重大工程的安全性，岩石工程实时监测技术与应用，岩石工程施工过程仿真、动态反馈分析与设计优化，典型与特殊岩石工程（海底隧道、深埋长隧洞、高陡边坡、膨胀岩工程等）超规范的设计与实践实例，等等。

岩石力学是一门应用性很强的学科。岩石力学课题来自于工程建设，岩石力学理论以解决复杂的岩石工程技术难题为生命力，在工程实践中检验、完善和发展。该丛书较好地体现了这一岩石力学学科的属性与特色。

我深信"岩石力学与工程研究著作丛书"的出版，必将推动我国岩石力学与工程研究工作的深入开展，在人才培养、岩石工程建设难题的攻克以及推动技术进步方面将会发挥显著的作用。

钱七虎

2007 年 12 月 8 日

"岩石力学与工程研究著作丛书"编者的话

近 20 年来，随着我国许多举世瞩目的岩石工程不断兴建，岩石力学与工程学科各领域的理论研究和工程实践得到较广泛的发展，科研水平与工程技术能力得到大幅度提高。在岩石力学与工程基本特性、理论与建模、智能分析与计算、设计与虚拟仿真、施工控制与信息化、测试与监测、灾害性防治、工程建设与环境协调等诸多学科方向与领域都取得了辉煌成绩。特别是解决岩石工程建设中的关键性复杂技术疑难问题的方法，973 计划、863 计划、国家自然科学基金等重大、重点课题研究成果，为我国岩石力学与工程学科的发展发挥了重大的推动作用。

应科学出版社诚邀，由国际岩石力学学会副主席、岩土力学与工程国家重点实验室主任冯夏庭教授和黄理兴研究员策划，先后在武汉市与葫芦岛市召开"岩石力学与工程研究著作丛书"编写研讨会，组织我国岩石力学工程界的精英们参与本丛书的撰写，以反映我国近期在岩石力学与工程领域研究取得的最新成果。本丛书内容涵盖岩石力学与工程的理论研究、试验方法、试验技术、计算仿真、工程实践等各个方面。

本丛书编委会编委由 75 位来自全国水利水电、煤炭石油、能源矿山、铁道交通、资源环境、市镇建设、国防科研领域的科研院所、大专院校、工矿企业等单位与部门的岩石力学与工程界精英组成。编委会负责选题的审查，科学出版社负责稿件的审定与出版。

在本丛书的策划、组织与出版过程中，得到了各专著作者与编委的积极响应；得到了各界领导的关怀与支持，中国岩石力学与工程学会理事长钱七虎院士特为丛书作序；中国科学院武汉岩土力学研究所冯夏庭教授、黄理兴研究员与科学出版社刘宝莉编辑做了许多烦琐而有成效的工作，在此一并表示感谢。

"21 世纪岩土力学与工程研究中心在中国"，这一理念已得到世人的共识。我们生长在这个年代里，感到无限的幸福与骄傲，同时我们也感觉到肩上的责任重大。我们组织编写这套丛书，希望能真实反映我国岩石力学与工程研究的现状与成果，希望对读者有所帮助，希望能为我国岩石力学学科发展与工程建设贡献一份力量。

"岩石力学与工程研究著作丛书"
编委会
2007 年 11 月 28 日

前　言

在山区丘陵地区的工程建设与开发中，常将建(构)筑物修建在沟壑山丘区等地质条件复杂地带，遇到大量的高填、深挖场地，形成挖方边坡和填方边坡。这些建筑边坡的共同特点是：①多为挖填方边坡，且坡高不大。不同于水电、公路、铁路边坡，由于考虑到投资成本、交通运输及施工条件等因素，在场地平整过程中形成的边坡高度不会很大，常小于 50m，极少部分坡高可达 50m 以上。②以土石混填边坡居多。建筑场地一般采用挖高、填低来平整场地和平衡土石方量，因而场地的回填料多为土石混合料，形成以土石混填边坡居多的情况。③边坡安全等级较高。一般情况下，主要建(构)筑物离边坡的距离都比较近，边坡损坏后可能造成的破坏后果很严重，在这种情况下，边坡的变形破坏将会直接对建(构)筑物的安全运行造成威胁，边坡的工程安全等级常定为一级或二级。④边坡的支护方案和占地面积对工程的经济性有很大的影响。

由此可见，建筑场地的挖填方边坡的稳定性对整个工程的可行性、安全性及经济性等起着重要的控制作用，并在很大程度上影响着工程建设的投资及使用效益。如果稳定性评价不准确或工程加固处理不当，往往导致边坡失稳，形成崩塌、滑坡灾害，其后果不堪设想。岩质挖方边坡具有岩体结构复杂，断层、节理、裂隙互相切割，块体极不规则，坡体应力水平高，坡脚应力集中等特点；而填方边坡具有填筑高度大、不同填筑方式的技术经济性差别明显、回填质量控制难度大等特点，这使得针对该类复杂边坡的稳定性精准评价及其工程治理具有很大的难度，评价设计方法需要不断完善和丰富。

建筑挖填方边坡的稳定性评价方法通常采用极限平衡分析法，因其计算模型简单、计算方法便捷、计算结果能满足工作需要等优点，成为国内外进行边坡稳定性分析的主要方法。极限平衡分析法计算的可靠性主要来源于四个方面：①是否找到了最危险滑动面；②是否提供了可靠的强度参数；③是否确定了合理的工况(即荷载组合方案)；④计算方法是否合理。极限平衡分析法及基于该方法开发的评价与设计软件，在工程实践中得到广泛应用，在使用过程中也发现有以下不足。

(1)所提供计算方法(如瑞典条分法、简化毕肖普法、传递系数法及萨尔玛法等)可考虑的工况较少，一些特殊的复杂工况未予以考虑。

(2)软件提供的滑动面搜索算法在处理多台阶或多岩土层等复杂边坡工程时费时很长，不利于多方案的计算比较。

（3）在边坡支护设计方案稳定性验算中，针对锚索荷载、抗滑桩或挡墙支护力等参数考虑较少，不利于进行边坡支护结构的优化设计。

（4）多数边坡稳定性评价软件不能进行边坡可靠性分析。通常，边坡稳定性评价是以稳定系数作为评价边坡工程稳定性的指标，计算结果的准确性取决于概化的计算模型与实际工程模型的吻合程度，以及选取的计算参数的准确性。然而在工程实践中，也存在设计安全系数大于 1.35 或者更高的边坡工程失稳破坏的现象，根本原因是忽视了边坡工程中的不确定性因素的影响。边坡可靠性分析对于正确评价复杂边坡的稳定性具有重要作用。

（5）多数边坡稳定性评价软件不能对影响边坡稳定性的各种因素进行敏感性分析。复杂边坡的稳定性受多种因素影响，如地形地貌、地质构造、地层岩性及其物理力学指标、地下水作用、地应力作用、地震作用、人工爆破作用、降雨作用和人类工程活动等。这些因素当中，有些是主导因素，有些是诱发因素，需要进行详细的敏感性分析，以确定主控因素。

（6）常见的边坡稳定性评价方法及软件未考虑挖填方高边坡的坡形、结构与荷载等特点。

针对以上边坡稳定性评价中存在的不足，本书结合建筑挖方边坡和填方边坡的特点，对传统的边坡稳定性评价方法进行了改进，并开发了复杂边坡稳定性评价与设计软件，以期提高挖填方复杂边坡稳定性评价的效率，确保评价结果的客观性和可靠性。

本书的内容包括五部分：第一部分（第 1 章）为工程建设中挖方边坡的特点、稳定性评价方法及支护方法的研究；第二部分（第 2 章）为工程建设中填方边坡的特点、稳定性评价方法及支护方法的研究；第三部分（第 3~7 章）为边坡分析评价计算方法改进及模型研究；第四部分（第 8、9 章）为边坡稳定性评价与设计软件的开发与框架详解；第五部分（第 10 章）为边坡稳定性分析实例与软件验证。具体内容如下。

（1）工程建设中挖方边坡的特点、稳定性分析与评价方法及支护设计方法的研究，主要以工程建设中建筑挖方边坡为实例，收集总结了建筑工程对挖方边坡安全性和经济性的要求、边坡工程地质模型、边坡稳定性的影响因素、边坡失稳破坏的模式、边坡的开挖方式和支护方式等方面的特点，确定进行边坡稳定性评价和支护设计较合理的方法，为软件的研发奠定基础。

（2）工程建设中填方边坡的特点、稳定性分析与评价方法的研究，重点收集了近年来工程建设中建筑填方边坡分析评价与设计的资料，总结建筑工程对填方边坡安全性和经济性的要求、填筑材料的选择、填筑方式、填土的工程性质、填土边坡的失稳模式及其影响因素等方面的特点，确定进行填方边坡稳定性评价较合理的方法，为软件的编制奠定基础。

（3）复杂边坡分析评价计算方法改进及模型研究，是本书核心部分，首先针对边坡稳定性评价中的关键问题，如地下水作用和地震作用等问题进行分析，然后分析边坡稳定性评价中的潜在滑动面确定问题，并提出单纯形-有限随机追踪法。全书针对瑞典条分法、简化毕肖普法、传递系数法、萨尔玛法进行改进。采用蒙特卡罗法并结合萨尔玛法等极限平衡分析法原理，建立边坡可靠性分析系统。

（4）边坡稳定性评价与设计软件的编制，主要包括几何图形的分析与识别、边坡稳定系数计算、边坡稳定性影响因子的敏感性分析、边坡稳态可靠性分析、边坡加固设计分析、打印输出等模块，要求软件达到以下目标：①实现圆弧滑面、折线滑面、组合滑面的自动生成方法；②在滑动面的自动搜索中应用优化法实现自动搜索功能，缩短计算迭代时间；③增加边坡稳定性计算萨尔玛法，并考虑边坡岩土体的透水性能；④能进行边坡稳定性影响因子的敏感性分析；⑤能进行边坡稳态的可靠性分析；⑥能实现边坡锚索或锚杆加固所需的加固力设计、挡墙或抗滑桩所需提供的抗滑力设计；⑦具有操作简单、算法合理、功能实用、界面友好、运算效率高、评价结果可靠性高的特点。

（5）程序可靠性的验证和工程应用，利用一些已知的算例，将本书编制的软件与其他软件的计算结果进行了比较，以验证其可靠性。

本书以建筑边坡工程为主，并结合其他领域边坡工程的特点开展相关研究与探索，研究成果是作者的多年工作总结和体会，以期能够在实际工程中对类似边坡工程的稳定性分析、评价与设计起到参考作用。本书的相关研究内容获得了国家自然科学基金项目（50978007）的资助，并得到了中国电力工程顾问集团华北电力设计院有限公司的大力支持，特此表示感谢。

由于作者水平有限，书中难免存在不足和疏漏之处，热忱欢迎广大同行和读者批评指正，以便不断优化和改进。

作　者

yaj@bjut.edu.cn

目　　录

第1章 建筑挖方边坡的基本特征

建筑边坡是指在建(构)筑物场地或其周边,由于开挖或填筑施工所形成的人工边坡和对建(构)筑物安全或稳定有影响的自然边坡。按此定义建筑边坡包含了对建(构)筑物有影响的挖方边坡、填方边坡和自然边坡等三类边坡,前两者可合称为人工边坡。通常,高边坡是指岩质边坡大于 30m,土质边坡大于 15m 的边坡。高边坡仅是从边坡高度上将其与其他边坡相区分,本质上是边坡复杂性的一种划分,在勘察过程、评价方法与治理手段等方面与其他边坡没有本质区别[1,2]。

建筑挖方边坡是为获得建设场地对岩土体进行开挖而形成的边坡,工程实践中,为了确保边坡开挖施工的顺利进行,必须做好勘察、稳定性评价工作,详细掌握挖方边坡的基本特征,包括边坡工程地质条件、开挖方式、变形破坏特征、影响因素、稳定性评价方法、支护方案等。

1.1 挖方边坡的开挖方式与破坏特征

为了确保边坡开挖的顺利进行,不但要采取合适的开挖方式,而且要清楚边坡可能出现的破坏特征。错误的开挖方式有可能直接造成边坡的失稳,出现滑坡、崩塌等地质灾害。

1. 开挖方式

在边坡开挖过程中要采取合适的开挖方式,达到达坡不但处于稳定状态而且降低造价的双重目标。边坡的开挖方式多采用:机械开挖、爆破开挖和静态破碎开挖。

1)机械开挖

机械开挖使用带有松土器的重型推土机或挖掘机破碎岩土体。该方法比较适合场地宽阔、大方量的土质或软岩等土石方工程。在施工前期首先需要做好截排水措施,防止雨水的冲刷作用造成边坡的失稳。其次,利用临时便道为出渣工作做好准备。边坡开挖多采用自上而下的多层多级开挖支护方法进行施工,在未完成上一层支护的情况下,严禁进行下一层的开挖。最后,机械开挖多会留有坡度余量,再配合人工进行修整,确保边坡的设计坡度和平整度。

2）爆破开挖

爆破开挖在高边坡开挖过程中应用较为广泛，主要包括简单手风钻爆破、药壶爆破、硐室爆破、浅孔台阶爆破、深孔台阶爆破、光面爆破和预裂爆破等开挖方式，其中光面爆破和预裂爆破是应用较普遍的开挖方式。预裂爆破是光面爆破的一种演变形式，主要区别在于光面爆破主爆孔先于光面孔起爆，预裂爆破则首先沿着设计轮廓线爆破形成一定宽度的贯通裂缝，然后再起爆主爆孔。光面爆破的优点是技术成熟、施工简单、成功率高；预裂爆破施工相对复杂，受外界因素的影响较大，但是其优点是可以有效降低爆破震动对边坡稳定性的影响。在起爆方式方面，主要包括同时起爆和微差爆破两种方式。其中，微差爆破边坡稳定性较高，爆破的峰值振速较低，其共振效应使边坡内相邻碎裂岩体相互碰撞，使得岩体破裂均匀，提高爆破效率，减小边坡扰动[3]。

无论采用哪种爆破开挖方式，在正式爆破之前都要进行爆破试验，确定合理的爆破参数，避免由爆破引起不必要的地质灾害。

3）静态破碎开挖

静态破碎开挖是在炮孔内加入破碎剂，利用药剂自身的膨胀力，作用于岩体内部，经过一段时间，岩体在高压作用下开裂，达到破碎岩体的目的。其优点是安全可靠，避免了由爆破引起的边坡稳定性问题；缺点是施工效率低，在具体施工过程中，为了提高工作效率，经常要配合以机械开挖和爆破开挖。

2. 挖方边坡破坏特征

挖方边坡的破坏特征主要有整体的平面滑动、折线滑动、圆弧滑动，以及局部的破碎、错动、楔形体滑落、倾倒和崩塌现象。挖方边坡产生变形破坏的基本特征受地层岩性、开挖方式、爆破作用、地应力作用、岩体结构、地质构造、地下水作用等多方面因素的影响[4,5]。

1）平面滑动

平面滑动主要是由于地质先期已经存在软弱结构面，在外界条件的扰动下，边坡软弱结构面的抗滑力不足以抵抗边坡整体的下滑力，就会出现沿结构面的滑动现象。发生平面滑动的边坡具有以下特点：滑动面的倾向基本与边坡倾向一致，滑动面的倾角小于边坡坡角并且大于内摩擦角，滑动面为单个平面或者单个滑动面与张拉裂隙的组合。

2）折线滑动

折线滑动和平面滑动形成条件类似，岩层成因不同或者成分不同，导致岩体内部存在多个软弱结构面。边坡在外界条件影响下就容易出现滑坡的现象。折线滑动的滑动面为多个平直面的组合，这些平直面通常会被分成两组，其中一组为主滑动面，另一组为次级滑动面。

3）圆弧滑动

圆弧滑动面为圆弧形或螺旋曲面，多发生在岩土体破碎、节理特别发育的地区。边坡开挖引起边坡坡脚的应力集中现象，当剪应力超过坡脚的抗剪强度时，坡体就会发生蠕动现象，同时坡顶受拉出现张拉裂缝，一旦边坡的剪应力大于坡体整体的抗剪强度就会发生滑坡现象。

无论边坡发生哪种形式的破坏，均会造成一定的经济损失，甚至威胁施工人员的生命安全。因此，在边坡挖方之前必须做好勘察工作，预计边坡可能发生的破坏特征，分析边坡的稳定性，做好稳定性评价工作。不同的边坡类型和边坡工程安全等级必须确保一定的边坡稳定安全系数，《建筑边坡工程技术规范》（GB 50330—2013）[2]规定的边坡稳定安全系数 F_{st} 如表 1.1 所示。

表 1.1　边坡稳定安全系数 F_{st}[2]

边坡类型		边坡工程安全等级		
		一级	二级	三级
永久边坡	一般工况	1.35	1.30	1.25
	地震工况	1.15	1.10	1.05
临时边坡	—	1.25	1.20	1.15

注：1）地震工况时，安全系数仅适用于塌滑区内无重要建（构）筑物的边坡。

2）对地质条件很复杂或破坏后果极严重的边坡工程，其稳定安全系数应适当提高。

1.2　挖方边坡变形破坏的影响因素

边坡是具有一定坡度和高度的斜坡。在边坡开挖过程中，坡体内部原有应力状态将随之发生变化，引起应力的重分布和应力集中等效应，坡体为适应这种新的应力状态，将发生不同形式和不同规模的变形与破坏，这是推动斜坡演变的内在原因。

在各种自然或人为营力作用下，斜坡的外形、内部结构以及所处的应力状态都在不断变化着。这些营力构成推动斜坡发展变化的外部因素。挖方边坡变形破坏的影响因素主要有：地形地貌、地层岩性、岩体结构与地质构造、河水侵蚀与地下水作用、地应力作用、开挖卸荷作用、地震和人工爆破作用等[5]。

1. 地形地貌

针对挖方边坡，开挖削坡决定了边坡的形态，对边坡的稳定性有直接的影响。边坡的形态主要指边坡的高度、坡度(坡角)、断面形式、临空条件和平面形态等。通常采用"坡率法"设计边坡的坡形,包括边坡高度、坡度和断面形式。就挖方边坡而言,边坡设计的主要内容为边坡的坡度和断面形式。

边坡坡度直接关系到边坡工程的稳定和投资,特别是挖方高边坡,不仅挖方量大,施工困难,而且直接影响边坡的稳定性。"坡率法"是一种比较经济、施工方便的方法,并且无须整体加固自身可以处于稳定状态。

《建筑边坡工程技术规范》(GB 50330—2013)[2]规定,当无经验且土质均匀良好、地下水贫乏、无不良地质作用和地质环境条件简单时,土质边坡坡率允许值如表 1.2 所示;对无外倾软弱结构面的边坡,岩质边坡坡率允许值如表 1.3 所示。

表 1.2　土质边坡坡率允许值[2]

边坡土体类别	密实度或状态	边坡坡率允许值	
		坡高小于 5m	坡高 5～10m
碎石土	密实	1:0.35～1:0.50	1:0.50～1:0.75
	中密	1:0.50～1:0.75	1:0.75～1:1.00
	稍密	1:0.75～1:1.00	1:1.00～1:1.25
黏性土	坚硬	1:0.75～1:1.00	1:1.00～1:1.25
	硬塑	1:1.00～1:1.25	1:1.25～1:1.50

注:1)碎石土的充填物为坚硬或硬塑状态的黏性土。

　　2)对于砂土或充填物为砂土的碎石土,其边坡坡率允许值应按砂土或碎石土的自然休止角确定。

表 1.3　岩质边坡坡率允许值[2]

边坡岩体类型	风化程度	边坡坡率允许值		
		$H<8m$	$8m \leqslant H<15m$	$15m \leqslant H<25m$
Ⅰ类	微风化	1:0.00～1:0.10	1:0.10～1:0.15	1:0.15～1:0.25
	中等风化	1:0.10～1:0.15	1:0.15～1:0.25	1:0.25～1:0.35
Ⅱ类	微风化	1:0.10～1:0.15	1:0.15～1:0.25	1:0.25～1:0.35
	中等风化	1:0.15～1:0.25	1:0.25～1:0.35	1:0.35～1:0.50
Ⅲ类	微风化	1:0.25～1:0.35	1:0.35～1:0.50	—
	中等风化	1:0.35～1:0.50	1:0.50～1:0.75	—
Ⅳ类	中等风化	1:0.50～1:0.75	1:0.75～1:1.00	—
	强风化	1:0.75～1:1.00	—	—

注:1)H 为边坡高度。

　　2)Ⅳ类强风化包括各类风化程度的极软岩。

　　3)全风化岩体可按土质边坡坡率取值。

挖方边坡常用的断面形式有直线式、折线式和台阶式，如图 1.1 所示。

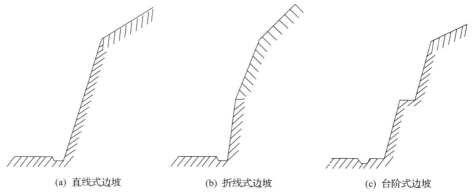

(a) 直线式边坡　　　　　(b) 折线式边坡　　　　　(c) 台阶式边坡

图 1.1　挖方边坡几种常用的断面形式

挖方边坡断面形式多采用折线式或台阶式，这两种坡形要比直线式边坡自稳能力好，特别是台阶式边坡，其相对于折线式边坡减小了自重应力，这种边坡形式已经在很多工程中被采用，而直线式边坡只有在岩性和地层结构很好的情况下才有可能被采用。

2. 地层岩性

地层岩性对边坡稳定性的影响很大，当地层软硬相间，并有软化、泥化或易风化的夹层时，易造成边坡失稳。地层岩性的不同，所形成的边坡变形破坏类别及能保持稳定的坡度也不同。地层岩性可以分为土质和岩质（岩浆岩、变质岩和沉积岩），不同的地层岩性决定了边坡不同的变形破坏特征。不同地层岩性挖方边坡的破坏特征如表 1.4 所示。

表 1.4　不同地层岩性挖方边坡的破坏特征

地层岩性	破坏特征
黏性土	具有蠕变特性，易发生圆弧滑动或者沿基岩面滑动的滑坡
黄土、石灰岩及其他直立岩层	边坡坡度大，易发生倾倒式崩塌、倾倒体
碎石	易发生浅层滑坡或沿基岩面滑动
整体块状结构的侵入岩、沉积岩、变质岩	整体稳定性高，存在少量软弱结构面，易发生崩塌和滑坡现象
层状结构的千枚岩、板岩及片岩	岩性软弱易风化，蠕动变形明显，存在软弱结构面，易发生顺层滑坡
喷出岩	岩性良好，自稳能力强，少量崩塌现象
泥质岩（如页岩、泥岩、煤层、泥灰岩、石膏）	岩性很差，软弱结构面多，极易发生顺层滑坡

3. 岩体结构与地质构造

岩体结构与地质构造主要是指边坡内部的层面、节理、断层、片理等软弱结构面的分布以及软弱结构面与坡面的关系。

《建筑边坡工程技术规范》(GB 50330—2013)[2]根据岩体主要结构面与坡向的关系、结构面的倾角大小、结合程度、岩体完整程度等因素对边坡岩体类型进行了划分。岩质边坡的岩体分类如表 1.5 所示。

表 1.5　岩质边坡的岩体分类[2]

边坡岩体类型	判定条件			
	岩体完整程度	结构面结合程度	结构面产状	直立边坡自稳能力
I 类	完整	结构面结合良好或一般	外倾结构面或外倾不同结构面的组合线倾角>75°或<27°	30m 高的边坡长期稳定，偶有掉块
II 类	完整	结构面结合良好或一般	外倾结构面或外倾不同结构面的组合线倾角为27°~75°	15m 高的边坡稳定，15~30m 高的边坡欠稳定
	完整	结构面结合差	外倾结构面或外倾不同结构面的组合线倾角>75°或<27°	15m 高的边坡稳定，15~30m 高的边坡欠稳定
	较完整	结构面结合良好或一般	外倾结构面或外倾不同结构面的组合线倾角>75°或<27°	边坡出现局部落块
III 类	完整	结构面结合差	外倾结构面或外倾不同结构面的组合线倾角为27°~75°	8m 高的边坡稳定，15m 高的边坡欠稳定
	较完整	结构面结合良好或一般	外倾结构面或外倾不同结构面的组合线倾角为27°~75°	8m 高的边坡稳定，15m 高的边坡欠稳定
	较完整	结构面结合差	外倾结构面或外倾不同结构面的组合线倾角>75°或<27°	8m 高的边坡稳定，15m 高的边坡欠稳定
	较破碎	结构面结合良好或一般	外倾结构面或外倾不同结构面的组合线倾角>75°或<27°	8m 高的边坡稳定，15m 高的边坡欠稳定
	较破碎（碎裂镶嵌）	结构面结合良好或一般	结构面无明显规律	8m 高的边坡稳定，15m 高的边坡欠稳定

续表

边坡岩体 类型	判定条件			
	岩体完整程度	结构面结合程度	结构面产状	直立边坡自稳能力
Ⅳ类	较完整	结构面 结合差或很差	外倾结构面以层面为 主，倾角多为 27°～75°	8m 高的边坡不稳定
	较破碎	结构面 结合一般或很差	外倾结构面或外倾不同 结构面的组合线倾角为 27°～75°	8m 高的边坡不稳定
	破碎或极破碎	碎块间结合很差	结构面无明显规律	8m 高的边坡不稳定

注：1）结构面指原生结构面和构造结构面，不包括风化裂隙。

　　2）外倾结构面指倾向与坡向的夹角小于30°的结构面。

　　3）不包括全风化基岩，全风化基岩可视为土体。

　　4）Ⅰ类岩体为软岩，应降为Ⅱ类岩体；Ⅰ类岩体为较软岩且边坡高度大于15m时，可降为Ⅱ类。

　　5）当地下水发育时，Ⅱ、Ⅲ类岩体可根据具体情况降低一档。

　　6）强风化岩应划分为Ⅳ类；完整的极软岩可划分为Ⅲ类或Ⅳ类。

　　7）当边坡岩体较完整、结构面结合差或很差、外倾结构面或外倾不同结构面的组合线倾角为 27°～75°、结构面贯通性差时，可划分为Ⅲ类。

　　8）当有贯通性较好的外倾结构面时应验算沿该结构面破坏的稳定性。

不同于土质边坡，岩层的产状对岩质边坡的稳定起着决定性的影响，特别是山区工程经常遇到的挖方高边坡。岩层产状与边坡稳定性具有以下五种关系。

（1）当边坡坡向与岩层倾向相同并且边坡坡角小于等于岩层倾角时，边坡处于稳定状态。

（2）当边坡坡向与岩层倾向相同、边坡坡角大于岩层倾角并且岩层间存在软弱结构面时，岩层就会有滑动的趋势，从而导致滑坡的发生。

（3）当边坡坡向与岩层倾向相反并且岩层结构完整，不存在软弱结构面，边坡处于稳定状态。

（4）当边坡坡向与岩层倾向相反，但是岩层节理发育并且层间结合差，边坡易发生崩塌现象。

（5）当岩层处于水平状态时，边坡不易发生整体失稳，但易产生崩塌破坏。

地质构造对边坡的稳定性影响也是很显著的，特别是挖方之后，一些勘察未发现的地质构造完全显露出现，极有可能对边坡的稳定造成不利的影响。如果边坡处在复杂的地质构造区域内，如断裂带发育、地震等新构造运动活跃地带，边坡的稳定性较差。同样如果边坡处在褶皱的核部或者断层附近，边坡岩体节理发育、岩层也会更加破碎，边坡的稳定性会很差。

4. 河水侵蚀与地下水作用

河水侵蚀与地下水作用对边坡稳定性的影响是显著的，主要表现在以下几个方面：侵蚀软化作用、冲刷作用、静水压力和动水压力等。

1）侵蚀软化作用

侵蚀软化作用指由于水的作用导致边坡岩体的力学强度下降，特别是当岩体软弱结构面填充物具有较强的亲水性质时，岩体浸水后，抗剪强度弱化严重，岩体崩解泥化直接影响边坡的稳定性。对于土质边坡来说，水的侵蚀软化作用更加明显，特别是黏性土边坡和黄土边坡。

2）冲刷作用

水的冲刷作用在河谷岸坡附近较为明显，水的冲刷作用使得边坡变陡、变高，特别是边坡坡脚冲刷严重使得边坡滑动面临空，易发生滑坡。土体干密度越大，碎石含量越多，岸坡的抗侵蚀能力越强[6]。

3）静水压力

静水压力是地下水作用在岩土体表面的法向面力。边坡工程的静水压力主要表现为：岩土体的浮托力（作用于滑体底部的静水压力）和岩土体的侧面静水压力（边坡张拉裂隙充水时的静水压力）。岩土体浮力主要作用是降低了岩土体的有效自重应力。在边坡稳定性计算时应按岩土体的浮重度来考虑其力学效应。浮重度的计算公式为

$$\gamma' = \gamma_s - \gamma_w \tag{1.1}$$

式中，γ' 为岩土体的浮重度，kN/m^3；γ_s 为岩土体饱和重度，kN/m^3；γ_w 为水的重度，kN/m^3。

此外岩土体侧面静水压力对边坡稳定也是极为不利的，由于降雨或者地下水作用使得边坡张拉裂隙中充水，裂隙中承受静水压力的作用，单位宽度坡体的静水压力计算公式为

$$P_w = \frac{1}{2} H L \rho_w g \tag{1.2}$$

式中，g 为重力加速度，m/s^2；H 为裂隙水的水头高，m；L 为充水裂隙长度，m；ρ_w 为水的密度，kg/m^3。

4）动水压力

动水压力又称渗透力，如果岩土体是透水的，地下水在岩土体中渗流时由

于水力梯度的作用，就会对边坡产生动水压力。动水压力的计算公式为

$$F_\mathrm{d} = \gamma_\mathrm{w} V I \tag{1.3}$$

式中，F_d 为动水压力，kN；I 为水力梯度；V 为渗流体积，m^3。

静水压力和动水压力均会造成边坡不稳定岩体下滑力的增大、抗滑力减小。在降雨量大的季节，边坡后缘水头急剧提高，水力梯度迅速升高，从而产生较大的动水压力，显著降低边坡稳定性。

5. 地应力作用

地应力是影响边坡稳定性的又一因素，对挖方高边坡的影响是相当显著的。根据岩体所处的状态，地应力分为岩体的初始地应力和次生应力。岩体的初始地应力是指岩体在未扰动，即在天然状态下，岩体内部存在的应力，也称为原岩应力。但是随着一些岩体工程的进行，特别是岩体的开挖，如挖方形成的高边坡，原岩应力的平衡状态被打破时岩体所处的地应力状态称为次生应力，也称为诱发应力。

地应力是一个相对稳定的非稳定应力场，受空间和时间的双重因素影响，但是在针对人类活动所处的时间段内，可以忽略时间因素对地应力的影响。通常人们认为地应力场主要包括自重应力场和构造应力场。自重应力是由地心对岩土体的引力产生的，也可以称为重力应力。构造应力是由于过去和现在正在活动变化的地质构造运动产生的。

挖方高边坡的稳定性受地应力的影响主要表现在两个方面：古构造应力的影响和新构造应力的影响。在岩层内部存在构造残余应力，即古构造应力。边坡在开挖时，内部的残余应力就会瞬间释放出来，产生崩塌和落石现象。在高地应力区，边坡坡体内的应力集中水平明显提高[7]。由于正在活动的地质构造运动是一个缓慢的过程，因此新构造应力对挖方高边坡的稳定性的直接影响很小，但是新构造应力是引起当今构造地震的应力源，地震对边坡的稳定性是非常不利，由此可见新构造应力对边坡稳定性的间接影响也是非常巨大的。

6. 开挖卸荷作用

对岩体的开挖卸荷不仅削弱了坡体的抗滑段，而且增大了地下水的水力坡度，加大了渗透压力。自然边坡经过漫长的地质构造及自然风化作用，其表面地应力风化卸荷，岩体基本上处于平衡状态。在进行人工切削边坡，或者人工爆破卸荷时，岩体的自然平衡状态遭到严重破坏，岩体质量恶化、抗拉强度降

低，边坡位移明显增大。根据边坡卸荷开挖裂缝产生的机理，认为工程开挖改变了边坡的应力状态，使得边坡岩土体受到一个指向边坡外侧向附加应力，从而导致其原有裂缝的张开和新裂缝的产生，原有裂缝倾角越大，深度越大，距离开挖面越大，裂隙的变形量越大。边坡受力条件的改变只能依靠自身来承担，岩体在某一个方向上的大面积卸荷，造成应力的二次调整，形成大规模的卸荷体，局部可能存在应力集中效应，出现拉应力。造成边坡局部失稳，甚至出现边坡大面积的失稳现象。

卸荷导致边坡裂隙变形量的增大，同时由于地下水或者降水的浸润，无形中加大了渗透力，同时水的软化作用也使得边坡的抗剪强度降低，影响边坡整体的稳定性。因此，边坡卸荷作用表现为：一方面可能使得上述部位的岩体产生局部的破坏，促使岩体结构变得松散破碎；另一方面也对边坡的局部稳定性构成一定程度的威胁，此外还间接表现为水的力学和物理化学作用的影响。

7. 地震和人工爆破作用

地震和人工爆破对边坡稳定性的影响表现为累积效应和诱发效应。累积效应是指由地震或人工爆破引起的震动使得边坡岩体结构松动、造成破裂面和引起弱面错位等多种方式，留下降低边坡稳定性的痕迹。反复作用造成的后果的累积，可能最终导致边坡失稳。诱发效应是指地震或人工爆破引起的应力波在裂隙或软弱夹层中产生反射应力波，造成瞬时拉应力，当岩体中某些软弱结构面本身已具有或储存有足够的剪切应变能时，应力波的介入有可能促进这些结构面发生破裂，使得岩体突然受荷而丧失稳定，导致突然发生破坏。

1.3　挖方边坡稳定性评价方法

边坡稳定问题一直是建筑工程经常遇见的岩土工程问题，边坡一旦失稳就会造成一定的经济损失，甚至威胁人们的生命安全，因此评价边坡开挖前和开挖后是否均处于稳定状态非常必要。分析挖方边坡稳定性的方法主要有定性分析法、定量分析法和不确定分析法。

1. 定性分析法

定性分析法主要是通过工程地质勘察，归纳边坡稳定性的主要影响因素，分析边坡的变形破坏方式及失稳的力学机制。根据已变形地质体的成因及其演化史，综合判断被评价边坡的稳定性状况，及其可能的发展趋势。常用的边坡稳定性分析方法主要有演变过程分析法、工程类比法、图解法。

1)演变过程分析法

演变过程分析法主要依据边坡的工程地质条件和边坡发育的地质环境,研究边坡的各种变形破坏迹象与基本规律,以及分析边坡稳定性影响因素,追溯边坡演变的全过程及发育阶段,根据挖方扰动程度,对边坡稳定性的总体状况、趋势和区域性特征作出评价和预测。

2)工程类比法

工程类比法是利用已有的自然边坡或人工边坡的稳定性状况及其影响因素、有关设计等方面的经验,并把这些经验应用到类似的所要研究边坡的稳定性分析和设计中去的一种方法。将研究对象与已有边坡进行调查对比分析,研究边坡工程地质条件、稳定性影响因素、发展阶段的相似性和差异性,以及它们可能的变形破坏机制、方式等的相似性和差异性。据此判断研究对象的稳定性状况、发展趋势,提出加固处理对策等。工程类比法是应用广泛的一种边坡稳定性分析方法,具有经验性和地区性的特点,可用于地质条件简单的中、小型边坡。

3)图解法

图解法需在大量的节理裂隙调查统计的基础上进行,将结构面调查统计结果绘成等密度图,得出结构面的优势方位。图解法可以分为诺模图法和投影图法。

(1)诺模图法是利用一定的诺模图或关系曲线来表征与边坡稳定有关参数间的关系,并由此求出边坡稳定安全系数,或根据要求的安全系数及一些参数来反分析其他参数(黏聚力 c 、内摩擦角 φ 、结构面倾角、坡角、坡高等)的方法。它适用于具弧形破坏面的边坡稳定性分析,是数理分析方法的一种简化方法。

(2)投影图法是利用赤平极射投影的原理,通过作图来直观地表示出边坡变形破坏的边界条件,分析不连续面的组合关系、可能失稳岩体形态及其滑动方向等,进而评价边坡的稳定性,并为力学计算提供信息。常用的有赤平极射投影图法、实体比例投影图法、投影图法等。它主要用于节理化岩体边坡的稳定性分析。

2. 定量分析法

定量分析法是以土力学和岩石力学的理论为基础,根据经典数学物理方程求解边坡稳定系数的一种方法。严格地讲,边坡稳定性分析还远远没有做到完全定量这一步,它只能算是一种半定量的分析方法。常用的边坡稳定性分析方法主要有极限平衡分析法、数值计算法。

1) 极限平衡分析法

极限平衡分析法是基于滑坡体极限平衡理论建立起来的普遍使用的一种分析方法。通过分析在临近破坏状况下，岩体外力与内部强度所提供抗力之间的平衡，计算岩体在自身和外部荷载作用下的边坡稳定性程度，通常以边坡稳定系数表示。极限平衡分析法的基本假设是将滑体视为刚体，即不考虑其变形，只考虑滑体沿滑面的位移，滑体的位移是剪切破坏，服从莫尔-库仑(Mohr-Coulumb)强度准则，边坡变形破坏时其破坏面(可以是平面、圆弧面、多级折面、不规则面等)满足破坏准则。极限平衡分析法的代表性计算方法有瑞典条分法、简化毕肖普(Bishop)法、Janbu 法、Spencer 法、Morgenstern-Price 法、传递系数法、楔体分析法、萨尔玛(Sarma)法。这些方法的不同之处在于各自的边界条件和假设不同，主要反映在滑面形状、分条方法及各条之间作用力处理等。

极限平衡分析法具有模型简单、计算公式简洁、可以解决各种复杂剖面形状、能考虑各种加载形式的优点。其缺点是没有考虑岩体本身的应力-应变关系和实际工作状态，所求出的岩体分条间的内力和岩体分条底部的反力均不能代表岩坡在实际工作条件下真正的内力和反力，更不能求出变形，只是利用人为的虚拟状态求出稳定系数而已。

实际工程中，常将有限元、有限差分等数值方法引入到极限平衡分析法中，先通过数值方法计算出可能滑面上各点的应力，然后再利用极限平衡原理计算滑面上的点稳定系数及沿整个滑面滑动破坏的稳定系数。或者，通过对滑体参数进行强度折减，应用有限元法计算至不收敛为止，其折减的倍数即为稳定系数[8,9]。稳定系数计算公式为

$$K_i = \frac{\sum_{j=1}^{n}\left[f_{ij}\left(\sigma_{ij} - u_{ij}\right) + c_{ij} \right] l_{ij}}{\sum_{j=1}^{n}\tau_{ij} l_{ij}} \qquad (1.4)$$

式中，c_{ij} 为第 i 个滑动面上第 j 个单元滑动面上的黏聚力，kPa；f_{ij} 为第 i 个滑动面上第 j 个单元滑动面上的摩擦系数；l_{ij} 为第 i 个滑动面上第 j 个单元滑动面上的长度，m；u_{ij} 为第 i 个滑动面上第 j 个单元的孔隙水压力，kPa；σ_{ij} 为第 i 个滑动面上第 j 个单元的法向正应力，kPa；τ_{ij} 为第 i 个滑动面上第 j 个单

元的剪应力，kPa。

对绝大多数山区和丘陵地区的滑坡，一般采用符合实际情况的折线形，将滑动面区分为牵引、主滑和抗滑三段。在边坡滑动面的确定方法中，由于萨尔玛法和不平衡推力传递系数法适用于折线型滑动面的稳定系数计算，所以在滑动面上的稳定系数计算大都采用这两种方法。

2）数值计算法

极限平衡分析法无法模拟边坡施工、开挖地应力释放引起的二次应力场、加固措施引起的三次应力场、渗流固结引起的运行后期的应力场以及地震等作用的影响。而数值计算法可以解决以上问题，使其在边坡工程中的应用发展迅速，并取得了巨大进展。比较成熟的数值计算法包括有限元法、边界元法、离散元法、有限差分法等，以及正在深入研究的块体系统非连续变形分析方法和流形元法。

有限元法是一种成熟的数值计算方法，其优点是可分析任何形状的几何体，不但能进行线性分析还可进行非线性分析，在边坡稳定性分析中应用较为广泛。该方法部分地考虑了边坡岩体非均质和不连续性，可以给出岩土体的应力、应变大小和分布，能近似地从岩土体的本构关系去分析边坡的变形破坏机制，分析最先和最容易发生屈服破坏的部位和需要首先进行加固的部位等。有限元法还可以进一步考虑层状介质边坡体的流变效应、渗流效应、孔隙水压力与土体颗粒之间的相互作用、滑动面上的压/剪应力随时间的增减变化过程、塑性屈服过程、加工硬化与膨胀软化过程等力学特征，但对于大变形求解，以及岩体中不连续面、无限域和应力集中等问题的求解还不理想。

为了克服有限元等数值计算法不能求解岩土大变形问题的缺陷，由美国ITASCA咨询集团于1986年根据显式有限差分原理研制推出FLAC数值计算方法。该方法比有限元法能更好地考虑岩土体的不连续性和大变形特征，求解速度较快。其缺点是同有限元法一样，计算边界、单元网格的划分带有很大的随意性。

3. 不确定分析法

由于影响边坡稳定性的因素存在很大的不确定性，需将这些不确定因素作为不确定量，建立相应的数学模型或者相应的评价指标来评价边坡的稳定性。常用的边坡稳定性分析方法有模糊综合评判法、可靠度评价法、灰色系统评价法等。

1) 模糊综合评判法

影响边坡稳定性的因素具有很大的随机性和不确定性，传统分析方法很难准确反映真实情况，模糊综合评判法采用模糊数学方法和聚类方法对边坡的稳定性做出分级评判，同时赋予影响边坡稳定性的因素相应的权值，根据最大隶属函数原则评价边坡的稳定性。该方法在大型边坡中应用较多，缺点是在赋予影响因素权值的时候具有很大的主观性，是一种粗略的稳定性评价方法。

2) 可靠度评价法

边坡的稳定性受诸多因素的影响，而这些影响因素常常都具有一定的随机性，特别是用于计算边坡稳定性的物理力学参数的选取，它们多是具有一定概率分布的随机变量。

20 世纪 70 年代中后期，加拿大能源与矿业中心和美国亚利桑那大学等开始把概率统计理论引用到岩体边坡的稳定性分析中来。他们通过现场调查，以获得影响边坡稳定性影响因素的多个样本，然后进行统计分析，求出它们各自的概率分布及其特征参数，再利用某种可靠性分析方法，如蒙特卡罗 (Monte-Carlo) 法、可靠指标法、统计矩法、随机有限元法等来求解岩体边坡的破坏概率或可靠度。在规定的条件下和规定的使用期限内，安全系数或安全储备大于或等于某一规定值的概率，即边坡保持稳定的概率定义为可靠度。因此，用可靠度比用安全系数在一定程度上更能客观、定量地反映边坡的安全性。只要求出的可靠度足够大，亦即破坏概率足够小，小到人们可以接受的程度，就认为边坡工程的设计是可靠的。

可靠度评价法在岩土工程中得到深入研究，但在边坡工程领域，由于计算所需的大量统计资料难以获取，各影响因素的概率模型及其数字特征等的合理选取问题还没有得到很好的解决，因此其工程应用受到一定制约。

3) 灰色系统评价法

灰色系统理论认为，如果决定事物的诸多因素既有已知的也有未知的或者不确定的，则它们所在的系统统称为灰色系统。正是基于这种理论和一些影响边坡稳定性因素的不确定性，提出了评价边坡稳定性的灰色系统评价法。该方法采用灰色关联度分析方法，并把不确定性因素作为灰色量，进而建立相应的数学模型，然后进行一定的数据处理找出各因素的关联程度，确定各因素对边坡稳定性的影响程度，评价边坡的稳定性。

1.4 挖方边坡的支护方法

挖方边坡的支护结构有很多种，在边坡的支护过程中要合理选择支护方式。支护结构的选取需充分考虑边坡岩性、岩体结构、边坡失稳机理、支护方法的可实施性以及经济合理、环境保护等多方面的因素。挖方边坡的支护方法有：抹面灌浆、喷浆或喷射混凝土、喷锚支护、土钉墙、框架梁和抗滑桩等。应用较为普遍的方法有：喷锚支护、土钉墙支护、锚索(杆)框架梁支护和抗滑桩支护等方法。

1. 喷锚支护

喷锚支护是由锚杆、钢丝网和喷射混凝土面板组成的支护结构。该支护方法适合于岩层风化破碎严重、节理发育的边坡。喷锚支护具有较高的强度和抗裂性能，能阻止破碎岩体的进一步恶化，使边坡处于稳定的状态。喷锚支护效果如图 1.2 所示。

图 1.2 喷锚支护

2. 土钉墙支护

土钉墙支护体系是由锚杆(土钉)、面板和锚具组成的复合式支护结构。该支护方法适合对岩体破碎较严重、节理极其发育的岩质边坡进行支护，同时也适用于土质边坡的支护。其支护机理是在岩土体边坡从上往下进行逐层开挖的情况下，打入多层土钉，并挂网喷射混凝土形成封闭面板，在边坡岩土体内实现加筋补强，避免由开挖引起应力释放导致边坡出现坍塌，从而使边坡处于稳定的状态。土钉墙支护效果如图 1.3 所示。

图 1.3　土钉墙支护

3. 锚索(杆)框架梁支护

锚索(杆)框架梁支护是由框架梁和锚索组成的支护体系，利用浆砌块石、现浇钢筋混凝土或预制预应力混凝土形成框架，进行边坡坡面防护，同时利用锚杆或者锚索进行主动加固。框架梁的构造形式也是多种多样，有方形、菱形、六边形、人字形和拱形等，并且可以在框架中覆土种植花草，起到保护环境的目的。该支护方法适用于裂隙、断层发育，岩质较软，坡度较大的高边坡。支护机理是利用框架梁结构将松散的岩土体连成一个整体，起到整体加固的目的，并通过施加在深部稳定岩体的预应力对浅部的松散岩土体进行挤密压实，提高岩土层间的正压力和摩擦阻力，从而提高边坡的整体稳定性。锚索框架梁支护效果如图 1.4 所示。

4. 抗滑桩支护

抗滑桩支护是利用桩体穿过边坡潜在滑动面，并将其嵌固于稳定的岩土体中，进而起到阻止滑动体下滑，确保边坡处于稳定状态的边坡支护方法。该支护方法适用于中、厚层边坡的整治，特别在处理深层滑动时能取得很好的效果。抗滑桩支护效果如图 1.5 所示。

图 1.4　锚索框架梁支护

图 1.5　抗滑桩支护

第2章 建筑填方边坡的基本特征

填方边坡指工程场地标高高于原地面,从原地面填筑至场地标高而形成的人工边坡。山区建筑工程的总平面布置受到地形的影响很大,为了充分利用占地面积和平衡挖填方量,往往需要削山填谷,一般填土厚度为10~30m,最大可达到50m左右,形成建筑填方高边坡。

填方边坡稳定性是建筑工程施工过程中经常遇到的岩土工程问题。由于自身原因,填方边坡具有密实性差、固结程度低、填料不均匀、级配差、受气候条件影响大的特点。为了确保填方的顺利进行,需科学制定填筑方案,选择合适填筑方式,并预判可能出现的地质灾害,应用合适的评价方法评价边坡的稳定性,确保填方边坡处于稳定状态。

2.1 填方边坡的填筑方式与破坏特征

1. 填方边坡的填筑方式

填方边坡的填筑方式主要有分层碾压填筑法和强夯填筑法。分层碾压填筑法又分为静压法和振动碾压法。

1)静压法

静压法是利用机械滚轮的压力压实填土,达到设计所要求的密实度。该填筑方式比较适用于矿渣类、碎石类和砂石类回填料的压实。常用的压实机具主要有平碾压实机和羊角碾压实机。不同的压实机具适合的分层厚度、碾压的遍数和机具的行驶速度都是不同的。填土施工时的分层厚度、每层压实遍数及压实机具行驶限速如表2.1所示。

表 2.1 填土施工时的分层厚度、每层压实遍数及压实机具行驶限速

压实机具	分层厚度/mm	每层压实遍数	机具行驶限速/(km/h)
平碾压实机	200~300	6~8	2
振动压实机	600~1500	6~8	2
蛙式、柴油打夯机	200~250	3~4	—
羊角碾压实机	200~350	8~16	3

2）振动碾压法

振动碾压法是指填方在振动压实机的振动压实作用下，土体颗粒发生相对位移，从而达到压实填土的作用。该填筑方式适合砂性土、钢渣或者钢渣混合料的回填。采用振动压实机碾压时，碾压过程要经过初压、复压和终压。初压为无震碾压 2 遍，使得回填料基本平整密实；复压为振动碾压 2～4 遍，使回填料达到较高的密实度；终压为无振碾压 2 遍，使回填料表面平整。

3）强夯填筑法

强夯填筑法又称动力固结法，其利用夯锤自由下落产生很高的冲击能作用在填方上，从而使填方达到密实的状态。该填筑方式适合黏性土、湿陷性黄土、碎石类和石渣类等回填料的压实。当填方边坡为高边坡时，经常采用强夯填筑法分层处理，具有以下优点：施工工艺简单、施工速度快、处理费用低、加固深度大（多达 6m）等。

2. 填方边坡的破坏特征

在分析填方边坡稳定性的时候，通常将坡体看作是均质岩土体。填方边坡的失稳形式通常表现在以下三个方面。

（1）边坡坡面的局部失稳。坡面的稳定性主要是指边坡局部发生滑塌现象，产生这一现象的主要原因是没有设计合理的坡率，边坡坡度与自然休止角的关系不清楚。根据《公路路基设计规范》（JTG D30—2015）[10]规定：土质填方边坡高度不高于 20m 时，其土质填方边坡坡率允许值如表 2.2 所示。

表 2.2　土质填方边坡坡率允许值[10]

填料类别	边坡坡率允许值	
	上部高度（H≤8m）	下部高度（H≤12m）
细粒土	1:1.5	1:1.75
粗粒土	1:1.5	1:1.75
巨粒土	1:1.3	1:1.50

当边坡高度超过 20m 时，边坡断面形式采用台阶形，坡率根据计算得到，在浸水情况下坡率不宜高于 1:1.75。同样《公路路基设计规范》（JTG D30—2015）[10]规定填石料路堤填方边坡坡率允许值如表 2.3 所示。

（2）边坡填土内部的弧形滑动。边坡填土内部发生滑动的主要原因是边坡的抗剪强度不足，坡体在自重和外界荷载的作用下发生剪切破坏，形成光滑的弧形滑动面。

表 2.3　填石料路堤填方边坡坡率允许值[10]

填石料种类	边坡高度/m			边坡坡率允许值	
	全部高度	上部高度	下部高度	上部高度	下部高度
硬质岩石	20	8	12	1:1.1	1:1.3
中硬岩石	20	8	12	1:1.3	1:1.5
软质岩石	20	8	12	1:1.5	1:1.75

(3)边坡沿填方固有界面的失稳破坏。造成这一现象的主要原因是多方面的。比如，填方基底存在软弱下卧层，致使边坡在自重或者外界荷载的作用下产生沿填方固有界面的深层滑动；施工方法不科学，导致边坡在施工过程中发生沿边坡填方固有界面的推移现象；填方之前原有斜坡的风化岩土体未清除，并且未做阶梯处理，造成边坡填土与原有斜坡接触存在虚空现象，最终诱发边坡沿填方固有界面失稳。

2.2　填方边坡变形破坏的影响因素

填方边坡变形破坏的影响因素主要有以下几个方面：边坡形态、地层岩性与软基处理、降雨作用、地下水作用、自重应力与地震作用、填料组成成分和气候条件。虽然影响填方边坡稳定性的因素和影响挖方边坡的因素有类似的几个方面，但是影响方式和侧重点是不同的。

1. 边坡形态

边坡形态对填方边坡稳定性的影响和挖方边坡类似，也是影响边坡稳定性的重要因素。利用设计合理的边坡高度、坡度和断面形式可以使边坡自身具有一定的自稳能力，根据坡率法进行计算。

2. 地层岩性与软基处理

不同于挖方边坡，填方边坡主要考虑填土下是否存在软弱下卧层，场地是否需要预处理。对场地分布有软弱土层，在对填方进行强夯或分层碾压前，需对原场地软弱土层进行置换强夯、碎石桩、砂桩、插板等地基处理，以达到预压排水、提高场地强度的目的。以免边坡填方产生深层滑动，沉降量过大超过规范的要求甚至发生剪切破坏至推移失稳。

3. 降雨作用与地下水作用

填方工程中的填土一般来源于场地挖方地段的覆盖土方和石方,边坡填土多为由岩石破碎后的岩块、岩屑、岩粉和部分土料组成的土石混合料,存在填料不均匀、级配差的问题。边坡设计或填筑过程中存在有基底软弱土层未处理好、原有斜坡的风化岩土体未清除及未做台阶处理、填料压实度差导致的渗透性大、地面排水和防渗措施差、坡体和坡底排水不畅等问题,有些工程在大量降雨后发生了填方边坡失稳变形的现象。由此说明水是诱发填方边坡失稳变形的主要因素之一,表现形式为边坡受到地表水或地下水作用。

地表水对边坡的作用主要包括:①在施工期边坡开挖后,由于防护措施不及时,坡面裸露的岩土体将受到雨水冲刷而产生局部破坏,特别是易风化的破碎岩坡,水的冲刷作用更为明显;②地表水入渗与岩土体进行物化及力学作用,一方面造成边坡岩土体强度降低,另一方面,增加了坡体滑动力。

地下水对边坡的作用主要包括水压力和水的软化作用。水的入渗将使边坡岩土体承受孔隙水压力、裂隙水压力和动水压力作用。对于边坡,水压力主要增加了边坡的下滑力,使边坡的稳定性降低。但对于一个具体边坡,其水文地质结构不同、地下水分布状态不同,因而其力学效应也不同,因此,在边坡稳定性计算中,分析清楚边坡岩土体的水力学介质分类和地下水作用力的构成是正确评价边坡稳定性的前提条件。水的软化作用主要是岩土体遇水后强度降低,从而减小了边坡的抗滑力。当岩土体或软弱结构面亲水性强时,易发生崩解或泥化。

4. 自重应力与地震作用

对于填方边坡来说,自重应力的影响主要取决于填料的选择和坡形、坡率的设计。对于地震作用,其影响是较大的。工程实践中,因地震作用发生的填方边坡产生破坏的案例也很多。

5. 填料组成成分

根据"因地制宜、就近取材、因材设计"的填筑设计施工准则,用于填方的回填料复杂多样。因此,回填料具有以下工程特性:不均匀性(表现为填土颗粒粒径不均匀、填土组成物质空间分布不均匀和填土厚度不均匀三方面)、湿陷性、强渗透性、自重压密性、强度时效性和高压缩性等。其中,回填料的不均匀性会导致填方边坡的不均匀沉降,甚至出现边坡整体失稳的现象,因此在填筑的过程中一定要确保填料级配良好，并且均匀性良好。

山区建筑工程的填土一般来源于场地就地削方地段的覆盖土方和石方。土方大多为残坡积土或全风化基岩(部分为强风化基岩)，石方多为中～微风化或新鲜岩石。经过人工爆破、搬运、压实或夯实等过程，将岩石破碎后的岩块、岩屑、岩粉(以上三者统称石渣)和部分土料人工堆积而成的填土，总体成分简单，由土和石渣组成或单一由土组成。

按照填土的组成成分将填土进一步细分为黏性类填土、无黏性类填土。

1) 黏性类填土

黏性类填土的代表性岩土体为：各类残坡积黏性土、全风化岩石及泥岩、泥质砂岩、煤系地层、泥质白云岩等软质岩石。

2) 无黏性类填土

无黏性类填土的代表性岩土体为：砂卵石、砂岩、灰岩、白云岩、中风化～新鲜的岩浆岩、变质岩及部分强风化的硬质岩或坚硬岩等。

填土的主要工程特性表现为以下几方面。

1) 填土的不均匀性

填土性质的不均匀性是填土的突出的工程特性，主要有以下三个方面：

(1) 填土颗粒粒径不均匀。填土颗粒粒径主要受土料和母岩性质的影响。粗粒成分一般为岩石的中风化碎块或碎屑，颗粒组成无分选，粗细随意混合。例如，某场地属于回填区，从颗粒分析结果不均匀系数为 31.2～438.1，在探井中发现有大于 400mm 的巨粒砂岩块石，且多为砂岩块石，表现出填土颗粒级配和组成成分的不均匀性，往往爆破开挖岩石碎块粒径偏大，大者有 1～2m。

(2) 填土组成物质空间分布不均匀。填土组成的物质空间主要受挖方对象、地层分布层序、施工作业程序和施工方法影响。填土中存在黏性土、岩石石渣、石块各自集中分布现象，探坑内会遇见一整块段都是土或都是岩石碎块，大颗粒集中时常有架空现象，取样分析和原位测试的结果均表现出很大的离散性和不均匀系数。

(3) 填土厚度不均匀。填土厚度主要受地形控制，山区回填场地多为沟谷、斜坡、洼地等；滨海山区回填场地多为潮间带、部分为浅海水域。同一场地厚度差别很大，从数米至数十米不等；滨海地段受礁石和孤立残丘等影响也会造成回填土厚度急剧变化的特点。

2) 填土强度和压缩性的时效性

堆填的填土结构疏松，密度小且不均匀，反映在填土的抗剪强度低，其承载力也低。主要是由于填土的孔隙大，压缩性很高，变形模量一般都在 6MPa

以下，其压缩性比天然状态的土质要高得多，黏性类填土随含水量的增加，压缩性呈急剧增大，黏性类厚层填土完成压缩(固结)的时间远大于非黏性类填土，通常需要几年甚至更长的时间。

黏性类填土的强度具有明显的时间效应，特别是对于以软质岩石石渣为主要成分的厚层填土，受地下水浸泡、长期的干湿交替加速软质岩石的风化崩解，骨架颗粒逐渐软化，填土的骨架支撑作用渐渐削弱，填土的强度随时间的延续而逐渐降低。填土越疏松，其风化和软化作用越快。

3) 填土的强渗透性

由于填土具有孔隙大的特点，填土的渗透性较强，地表水易下渗而在填土中形成上层滞水。黏性类填土的渗透性相对较小，无黏性类填土渗透性强。因此在钻探过程中有严重漏水现象，或在桩基灌注施工时常有较严重的漏浆。深基坑或人工挖孔桩施工中，往往在填土中会有水渗出，对边坡和坑壁稳定性不利。

4) 填土的湿陷性

黏性类填土土质疏松，渗透性强，在水的浸泡软化作用下粗颗粒骨架会崩解；此外，水渗透过程中会冲蚀或带走一些细小颗粒，使填土中的骨架颗粒位移并重新排列，最终达到相对较紧密的稳定结构，这种在自重压力下的填土浸水变形显示出填土的湿陷性，外观表现为地面沉陷。而无黏性类填土中砂性填土也具备这类性质，主要是颗粒重新排列造成。较大颗粒的无黏性类填土无此性质。

5) 填土的压实性

自然堆填的所有填土都是可以压实的，但可压实程度与填土的物质组成、颗粒大小、含水量、堆积的边界条件和压实方式有关。

黏性类填土颗粒粒径小，易风化，在控制含水量范围内，碾压效果较好。在干燥气候条件下，砂泥岩为主的厚层黏性类填土采用强夯也能取得较好的效果。但其对含水量非常敏感，当含水量过大时，任何能量的压实方式均不能达到压实效果，往往出现橡皮土现象。

厚层非黏性类填土的压实性与压实能量有较大关系，硬质岩石为主的厚层石渣类填土，碾压效果往往不理想，而采用强夯方法有较好的压实效果。

填土的压实效果受边界条件影响较大。位于边坡地段、挡土墙背后的填土无法采用强夯，必须采用分层碾压、人工打夯方法，或添加土工布和土工格栅进行处理。对于扩建场地的填土二次处理也要充分考虑高能量强夯对已有建(构)筑物的影响。

6. 气候条件

气候条件的影响主要表现在雨季施工和冬季施工两个方面。雨季施工将对边坡产生冲刷作用和岩土体的软化作用。填方工程一般不宜在冬季施工，如果必须在冬季施工时，需注意：

(1)必须清除基底的冰雪和保温材料。填筑材料应使用未冻的、非冻胀的、透水性好的材料，每层铺土厚度比常温时降低 20%～30%。

(2)冻土体积不得超过总体积的 15%，粒径不得大于 150mm，同时冻土必须均匀分布，逐层压(夯)实。

(3)施工过程应连续进行，防止基土和回填土受冻。

(4)当气温处于–5℃以上时，填方高度不受限制；当气温处于–5℃以下时，填方高度限制如表 2.4 所示。

表 2.4　冬季填方高度限制

平均气温/℃	填方高度/m
–10～–5	4.5
–15～–11	3.5
–20～–16	2.5

2.3　填方边坡稳定性评价方法

不同于挖方边坡，填方边坡的破坏形式较少，并且在分析边坡稳定性的时候用于填方的填料被按均质岩土体进行分析。用来评价填方边坡稳定性的评价方法主要有定量分析法中的极限平衡分析法和定性分析法中的图解法，而不确定分析方法应用较少。

1. 定量分析法

填方边坡稳定性定量分析常采用极限平衡分析法，如极限平衡分析法中的瑞典条分法、简化毕肖普法、传递系数法和萨尔玛法。其中，瑞典条分法是将假定滑动面以上的土体分成 N 条垂直土条，对作用于各土条上的力进行力和力矩平衡分析，求出在极限平衡状态下土体稳定的安全系数。瑞典条分法缺点是只能分析均质土体的稳定性，忽略了土条之间的相互作用力的影响。但是在分析填方边坡稳定性方面应用是相当广泛的。此外，简化毕肖普法、传递系数法和萨尔玛法等方法也是很实用的方法。

2. 定性分析法

分析填方边坡稳定性时用到的定性分析法主要是图解法，在分析具体工程时，主要也是作为辅助方法。此外工程类比法也是应用较多的方法，具体见 1.3 节。

2.4　填方边坡的支护方法

与挖方边坡类似，填方边坡的支护方法也得考虑边坡形态、边坡失稳机理、支护方法的经济合理性以及环境保护等多方面因素的影响。填方边坡支护方法主要有：挡土墙支护、加筋土挡土墙支护、土工格栅支护、框格支护、护面墙支护、干砌石支护、浆砌石支护、喷锚支护和直接喷射混凝土支护等。其中，挡土墙支护、加筋土挡土墙支护和土工格栅支护等方法在填方边坡中应用广泛。

1. 挡土墙支护

挡土墙是一种用来抵抗填方边坡侧向土压力，保持边坡处于稳定状态的支护结构。常用的挡土墙类型有重力式挡土墙、悬臂式挡土墙和扶壁式挡土墙。重力式挡土墙具有结构简单、断面尺寸大、墙体重等特点，并且边坡侧向土压力主要通过墙体自重平衡。为了防止挡土墙在侧向力的作用下发生滑动，挡土墙一般会埋置天然地基以下。当地基为土质时，埋置深度至少 1.0m；当地基为岩质时，挡土墙基础嵌入岩石地基深度如表 2.5 所示。

表 2.5　挡土墙基础嵌入岩石地基深度

岩层种类	基础埋深 h/m	襟边宽度 L/m	嵌入示意图
较完整的坚硬岩石	0.25	0.25~0.5	
一般岩石	0.6	0.6~1.5	
松散岩石	1.0	1.0~2.0	
砂夹砾石	≥1.0	1.5~2.5	

不同于重力式挡土墙，悬臂式和扶壁式挡土墙是依靠自重和踵板上方的填土的重力抵抗边坡侧向土压力。这两种形式的挡土墙相对于重力式挡土墙有较

强的抗倾覆能力，同时由于自重的减小，基底压力也明显降低了。悬臂式挡土墙如图 2.1 所示。扶壁式挡土墙如图 2.2 所示。

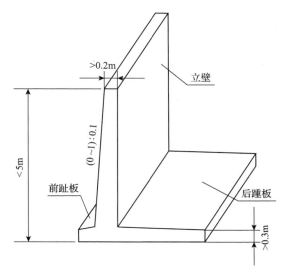

图 2.1　悬臂式挡土墙

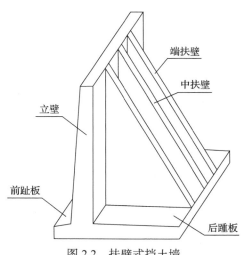

图 2.2　扶壁式挡土墙

由图 2.1 和图 2.2 可以看出，扶壁式挡土墙相对于悬臂式挡土墙有更高的支护强度。通常悬臂式挡土墙的墙高不宜高于 6m，如果是高陡填方边坡，其支护强度不能满足工程要求。而扶壁式挡土墙的高度可达 15m，其在填方高边坡中应用较多。

2. 加筋土挡土墙支护

加筋土挡土墙主要由填料、拉筋、基础、面板、面板与拉筋之间的连接件组成。加筋土挡土墙如图 2.3 所示。

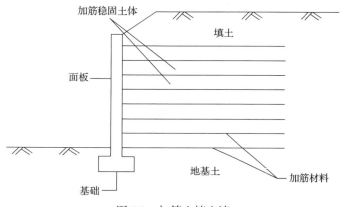

图 2.3　加筋土挡土墙

加筋土挡土墙通过拉筋和填料之间的摩擦力，将坡体的侧向土压力传递到弹性模量大的拉筋中，将坡体的侧向土压力做的功转变为拉筋的弹性能储存在拉筋内，间接增强土体的抗拉和抗剪强度，防止边坡出现滑裂现象，从而使边坡处于稳定状态。加筋土挡土墙具有以下优点：

（1）可以做成垂直的填方高边坡，有效减少了占地面积和填方量。

（2）加筋土挡土墙结构为柔性结构，能够适应地基的较大变形。

（3）施工方便、造型美观，并且有很好的抗震性能。

（4）相对于普通挡土墙支护结构，工程造价低。

正是基于加筋土挡土墙的以上特点，这种结构已经被广泛应用在填方高边坡当中。

3. 土工格栅支护

土工格栅是指在聚丙烯或高密度聚乙烯板上打孔，然后加热，进行单向拉伸或者双向拉伸，从而得到的高强度、低延伸性的补强材料。单向拉伸土工格栅如图 2.4 所示。双向拉伸土工格栅如图 2.5 所示。

土工格栅加热拉伸之后，其内部分子键定向排列，因此其自身具有较高的抗拉强度和抗蠕变性能。此外土工格栅还具有与砂石的摩擦系数大、化学性质

图 2.4　单向拉伸土工格栅

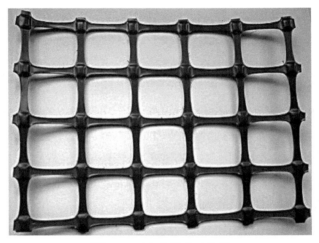

图 2.5　双向拉伸土工格栅

稳定的特点，同时由于自身结构特点，土石颗粒可以嵌入格孔内，增强了和坡体的咬合力。土工格栅埋置土质边坡中，实质上是对边坡岩土体的加筋补强，大大增强了边坡的抗滑稳定性。由于价格低廉、便于施工，在填方边坡工程中得到广泛应用。

第3章 边坡稳定性评价中的关键问题

建筑挖填方边坡的稳定性受多种影响因素的制约，如复杂的地层岩性、地质构造与岩体结构、多种多样的滑动面或潜在滑动面等，特别是一些诱发因素，如降雨作用与地下水作用、地震作用等，弄清这些地质问题对于评价边坡稳定性、制定有效的防治对策至关重要。本部分将针对挖填方边坡工程的特点，详细研究边坡工程地质模型建立的方法、边坡稳定性评价中的地下水作用计算模型问题、边坡稳定性评价中的地震作用问题等。

3.1 边坡工程地质模型建立

边坡稳定性受多种影响因素的制约，为了准确评价其稳定性，需要建立边坡工程地质模型，以比较全面地描述边坡的工程地质条件、水文地质条件、地质环境、边坡工程状态和边界条件等，更能详尽地反映边坡工程状态的不确定性和变化性。边坡工程地质模型如图3.1所示。模型主要由三方面组成，即边坡几何属性、边坡物理力学属性和边坡环境属性。其中，边坡几何属性包括边坡的坡高、坡角、坡面加固面积、边坡滑体总方量、滑动面(带)或潜在滑动面(带)、边坡岩土体连续性概化，以及边坡前缘、后缘剪切或拉裂状态等。边坡物理力学属性包括滑动体的物理力学性质、滑动面(带)的物理力学性质、滑床的物理力学性质，以及支护结构体的物理力学性质。边坡环境属性包括河水侵蚀作用、地下水作用、降雨作用、地应力作用、地震和人工爆破作用，以及边坡工程附加荷载作用等。

因此，进行边坡稳定性评价和工程设计的首要任务是建立边坡工程地质模型，然后才能准确地建立边坡岩土体的物理力学模型、计算模型和计算参数等一系列的相关内容[5]。只有准确详细地确立了边坡工程地质模型，才能降低边坡稳定性分析的不确定性，提高边坡工程设计的可靠度。

在本书中，为了完成边坡稳定性计算，构建边坡工程地质模型，还需要完成坡面线模型的建立、地下水位线模型的建立，以及边坡地层模型和参数属性的建立等。

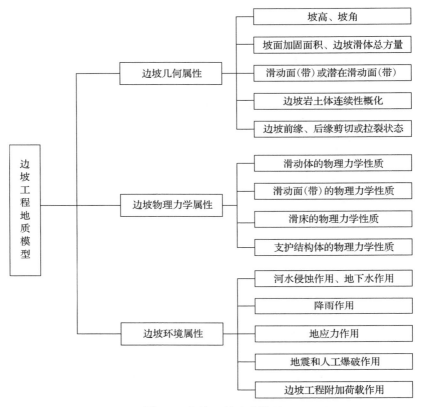

图 3.1　边坡工程地质模型

　　坡面线模型的建立主要采用曲线拟合的形式和分段函数的形式。其中，若采用曲线拟合的方式，可能与边坡坡面线形成较大偏差，例如在坡顶与临空面的交界处，可能出现的局部极小值就会被忽略。因此，采用分段函数的形式较为合适，将边坡坡面线进行离散化处理。如图 3.2 所示，将坡面线数据离散为八个控制点（1～8）组成的七条线段（L_1～L_7）。假设坡面线控制点共有 n 个，连接控制点得到 $n-1$ 条线段，形成坡面线分段函数，即坡面线的数学模型为

$$f_{\mathrm{p}}(x) = a_i x + b_i, \quad i = 1, 2, \cdots, n-1 \tag{3.1}$$

式中，a_i 和 b_i 为第 i 线段常数；n 为坡面线控制点个数。

　　同坡面线几何模型的建立一样，将地下水位线离散为多个控制点组成的线段，如图 3.2 中地下水位线离散为七个控制点（[1]～[7]）组成的六条线段。

　　边坡地层模型的建立采取同样的措施。

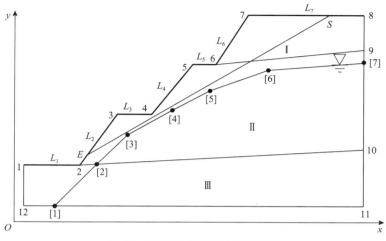

图 3.2　边坡地质模型离散示意图

3.2　边坡稳定性评价中的地下水作用计算模型

地下水是影响边坡稳定性的重要因素之一，而且它的活动往往成为边坡失稳的诱发因素。地下水的作用按其作用属性不同，可分为物理化学作用和力学作用。地下水的物理化学作用主要包括地下水对岩土体的软化作用，地下水对边坡滑面抗剪强度降低作用。岩土体大部分为透水介质，因此地下水的力学作用主要包括浮力作用、渗透动水压力作用。对于一个具体的边坡，其水文地质结构不同，地下水分布状态不同，因而其力学效应也不同。因此，边坡中地下水作用力将由上述水的作用力中的几个构成，并不是全部。在边坡稳定性计算中，需要界定边坡岩土体的水力学介质类型，以及确定边坡体内地下水作用力的构成及其计算方法。

3.2.1　边坡岩土体介质水力学分类

边坡岩土体的物质组成、岩体结构类型不同，其透水特性也不同。根据地下水在边坡岩土体中的运动、赋存形式，将边坡岩土体介质分为透水介质、不透水介质和复合型介质。

松散土体边坡和节理化程度较高的碎裂结构和散体结构岩体边坡均可视为透水体介质。地下水在岩土体中形成自由运动的潜水，受降雨或河水补给并影响其变化。岩土体内水力联系畅通，有统一的地下水位。

自然界不存在完全隔水的介质，一般情况下，弱透水的固结密实的黏性土边坡，以及完整结构、块状结构、层状结构的岩体边坡可视为不透水介质。地下水在岩土体中不能自由运动，其补给、径流和排泄受结构面控制，边坡岩土体各部位的水力联系不畅通。

复合型介质边坡是指作为研究对象的整个边坡由透水介质和不透水介质相互叠置构成，或前后部位复合，或透水体部分嵌套构成。例如，密实黏性土和砂性土互层的边坡；泥岩、砂岩上覆黄土的边坡；不同岩体结构、风化程度的岩体相互嵌套的边坡等。因此，自然界中这种复合型介质的边坡是相当多的，地下水在边坡中的水力联系十分复杂，比较难以形成统一的潜水面。

复合型介质边坡的地下水力学作用比较复杂，在边坡岩体中不仅存在各种静水压力作用，还可能有动水压力作用，在进行边坡稳定性验算时，应根据具体情况，具体分析。

3.2.2 边坡地下水水位确定方法

边坡地下水水位确定是一个十分复杂的水文地质课题，主要分为确定性数学模型和随机模型两类预测方法。

（1）用确定性数学模型确定地下水动态。确定性数学模型确定地下水动态主要包括以下几种方法：①解析解方法。此方法适应于边界简单、地下水条件较单一的情况。其优点是方便简单，适宜做理论分析和研究。②数值解方法。包括有限差分、有限元、边界元等数值方法。数值解方法适宜于边界复杂、地下水条件较复杂的情况，与实际较吻合，是经常使用的方法。③数据拟合方法。用解析函数拟合数据或者曲线。这种方法简单直观，适用于多种条件，但精度较低。常用的函数是多项函数、指数函数等。

（2）用随机模型确定地下水位。基于概率统计分析方法建立的随机模型在水文地质计算与动态预测中具有特殊的地位，用随机模型确定地下水位主要包括回归分析方法、频谱分析方法、时间序列分析方法、随机微分方程方法。随机模型在实际应用中经常涉及。用随机模型建立的降雨、地下水位动态变化考虑了随机因素，可用来分析边坡稳态随时间的动态概率分布。

本书中地下水水位是根据确定性数学模型确定的，首先对地下水位线进行离散化，即将地下水位线离散为多个水位控制点。边坡地下水的几何模型如图 3.3 所示。地下水位线可离散为控制点 $A'B'C'D'E'F'G'$。假设地下水位线控制点共有 n 个，连接地下水位线控制点得到分段函数，即地下水位线的数学模型为

$$f_{w}(x) = c_i x + d_i, \quad i = 1, 2, \cdots, n-1 \tag{3.2}$$

式中，c_i 和 d_i 为第 i 线段常数；n 为地下水位控制点个数。

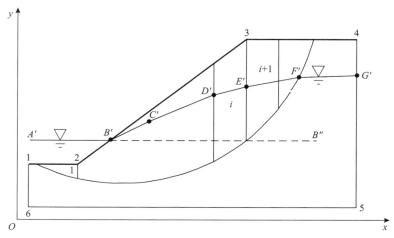

图 3.3 边坡地下水的几何模型

3.2.3 边坡地下水作用计算模型

地下水作为影响边坡稳定性的重要因素，体现在力学作用和物理化学作用两个方面。地下水的力学作用根据岩土体的透水性分为渗透动水压力和静水压力，地下水的物理化学作用主要为地下水对岩土体的软化作用，即地下水对边坡岩土体抗剪强度降低作用。

对于透水介质，地下水的力学作用包括浮力作用、渗透动水压力作用。为了方便计算，将地下水潜水面计算模型分为两种形式：一种是边坡前缘无地表水；另一种是边坡前缘有地表水。

1) 边坡前缘无地表水

边坡前缘无地表水即水位线全部位于边坡线以下，如图 3.4(a) 所示。处于地下潜水面以下的边坡岩土体均按浮重度计算，计算公式为

$$\gamma' = \gamma_s - \gamma_w \tag{3.3}$$

式中，γ' 为岩土体浮重度，kN/m^3。

同时，边坡前后缘间存在水头差，需要计算其动水压力，动水压力是由于水体渗流而产生的一种体力，其计算公式为式(1.3)。

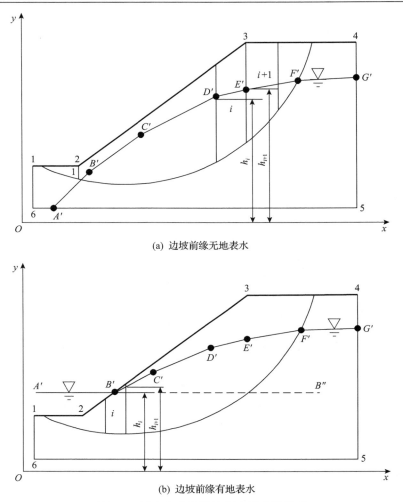

(a) 边坡前缘无地表水

(b) 边坡前缘有地表水

图 3.4　透水介质边坡地下水的力学模型

如图 3.4(a)中，第 i 条块地下水位潜水面以下岩土体按浮重度计算，作用在第 i 条块的动水压力为

$$F_{di} = \gamma_w V_i I_i \tag{3.4}$$

式中，F_{di} 为第 i 条块上的动水压力，kN；I_i 为第 i 条块上的水力梯度；V_i 为第 i 条块上的渗流体积，m^3。

$$I_i = \frac{h_{i+1} - h_i}{L_i}$$

2）边坡前缘有地表水

如图 3.4(b)所示，边坡水位线潜水面为 $A'B'C'D'E'F'G'$ ，由于边坡前缘有地表水存在，所以在水位之下（即图 3.4(b)中虚线 $A'B''$ 以下）不会存在动水压力，只存在浮力。如图 3.4(b)中第 i 条块，需要计算虚线以上部分的动水压力，地下水潜水面以下的其他岩土体需要按浮重度计算，浮重度和渗透动水压力的计算方法和上面相同。

对于不透水介质，地下水的力学作用表现为底滑面的浮力作用、两侧面的静水压力作用以及后缘张裂缝的静水压力等。不透水介质边坡地下水的力学模型如图 3.5 所示。此外对边坡前缘有地表水的积水区域，需考虑积水的水压力：代表积水重量的力作为线荷载施加在条块顶部。水的重量总是作用在条块顶部地表的法线方向。当边界是竖直边时，水平的静水压力作用在条块的竖直边上。

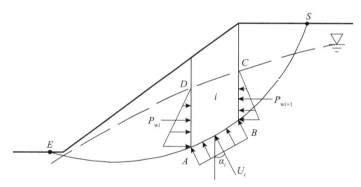

图 3.5　不透水介质边坡地下水的力学模型

浮力作用主要是边坡岩土体由于孔隙水压力的作用，致使其有效自重降低。静水压力主要包括条块侧面的静水压力和滑动面底部的静水压力作用。

$$P_{wi} = \frac{(y_D - y_A)^2 \gamma_w}{2} \tag{3.5}$$

$$P_{wi+1} = \frac{(y_C - y_B)^2 \gamma_w}{2} \tag{3.6}$$

$$U_i = \frac{(y_D - y_A + y_C - y_B)b_i\gamma_w}{2\cos\alpha_i} \tag{3.7}$$

式中，b_i 为第 i 条块的宽度，m；P_{wi}、P_{wi+1} 分别为作用在第 i 条块侧面上的静水压力，kN；U_i 为作用在第 i 条块底面上的静水压力，kN。

透水介质地下水的物理化学作用主要包括地下水对岩土体的软化作用，根据莫尔-库仑强度准则可知，主要体现在对边坡岩土体抗剪强度的降低作用上。软化作用的计算模型为

$$\begin{cases} c' = k_s c \\ \varphi' = \arctan(k_s \tan\varphi) \end{cases} \tag{3.8}$$

式中，c' 为地下水作用下的岩土体黏聚力，kPa；k_s 为岩土体的软化系数，可采用岩土体在饱和状态下的无侧限抗压强度与其在干燥状态下的无侧限抗压强度之比，一般由试验确定；φ' 为地下水作用下的岩土体内摩擦角，(°)。

3.3 边坡稳定性评价中的地震作用

我国地处环太平洋地震带和地中海喜马拉雅地震带之间，是世界上最大的大陆地震区，强烈的地震往往是古滑坡复活和边坡工程严重破坏的诱发因素。因此，滑坡或边坡工程稳定性评价、设计均要认真考虑本地区的地震影响。

地震均产生动荷载，它们的作用使边坡岩土体处于反复的瞬时加荷和卸荷状态，主要表现为触发效应和累积效应。其中触发效应又表现为两方面，一是地震产生瞬时拉应力，可使处于临界状态的边坡岩土体突然受荷而丧失稳定，或使某一近于贯通的结构面全面贯通，导致破坏突然发生；二是对于饱水的碎裂岩土体、松散饱水的砂土、敏感黏土，在动应力作用下孔隙水压力突然变化，导致边坡崩溃、液化和失稳。地震的动荷载作用分为水平地震作用和垂直地震作用，当只考虑水平地震作用时，与既考虑水平地震又考虑垂直地震作用时，得到的边坡最危险滑动面及最小安全系数差别甚微，这说明，在边坡稳定性计算时，只考虑水平向地震波是可行的。因此地震在边坡上的动荷载为

$$F_{k_{c0}} = k_c W \tag{3.9}$$

式中，$F_{k_{c0}}$ 为水平地震作用力，kN；k_c 为水平地震系数；W 为岩土体重量，kN。

水平地震系数 k_c 是设计基本地震加速度值与重力加速度 g 的比值，它代表地震作用的大小，其值与地震烈度有关。地震烈度与设计基本地震加速度值的对应关系如表 3.1 所示。

表 3.1　地震烈度与设计基本地震加速度值的对应关系

地震烈度	6	7	8	9
加速度值	0.05g	0.10g, 0.15g	0.20g, 0.30g	0.40g
k_c	0.05	0.10, 0.15	0.20, 0.30	0.40

边坡岩土体在动应力作用下，在某一方向出现瞬时的剪切失稳，由于作用时间短暂，它可能造成一次跃变剪切位移而并不破坏。但多次位移的累积将使剪切面中的某些锁固段的强度被突破，整体抗剪强度显著削弱，最终导致破坏，这是动应力作用于边坡的累积效应。对于波状结构面，导致破坏的累积位移量应超过结构面起伏波长 λ 的 1/4，总位移量的大小不仅与地震强度有关，也与地震的次数有关，频繁的小震对边坡的累进性破坏起着十分重要的作用。

地震作为影响边坡稳定性的重要因素，地震的影响主要是指水平地震加速度的影响。《铁路工程抗震设计规范》（GB 50111—2006）[11]在验算路堤路基抗震稳定性时水平地震力的计算公式为

$$F_{hi} = \eta_c k_h m_i g \tag{3.10}$$

式中，F_{hi} 为水平地震作用力，kN；k_h 为水平地震系数；$m_i g$ 为岩土体重量，kN；η_c 为水平地震作用修正系数，取值 0.25。

《公路工程抗震规范》（JTG B02—2013）[12]中验算路基和挡土墙的抗震强度和稳定性时，水平地震荷载的计算公式为

$$E_{hsi} = \frac{C_i C_z A_h \psi_j G_{si}}{g} \tag{3.11}$$

式中，A_h 为设计基本地震峰值加速度；C_z 为综合影响系数，取 C_z=0.25；C_i 为抗震重要性修正系数；E_{hsi} 为水平地震作用力，kN；G_{si} 为第 i 条岩土体重量，kN；ψ_j 为水平抗震作用沿路堤边坡高度影响系数。

《水电工程边坡设计规范》（NB/T 10512—2021）[13]中计算某条块的地震惯性力即本书中所说的水平地震荷载的计算公式为

$$E_{hi} = \frac{\alpha_h \xi W_i \alpha_i}{g} \tag{3.12}$$

式中，E_{hi} 为水平地震作用力，kN；W_i 为岩土体重量，kN；α_h 为水平设计地震加速度；α_i 为质点 i 的动态分布系数，可取 α_i=1；ξ 为折减系数，取 ξ=0.25。

式(3.9)为地震作用下的极限影响力，但是地震的产生一般是偶然性的，因此在考虑地震时加入一个综合影响系数 α_w。结合《铁路工程抗震设计规范》(GB 50111—2006)[11]、《公路工程抗震规范》(JTG B02—2013)[12]以及《水电工程边坡设计规范》(NB/T 10512—2021)[13]可知，在计算水平地震作用力时均考虑了综合影响系数的做法，因此在计算边坡稳定性分析时，水平地震力的综合计算公式为

$$F_{k_c} = \alpha_w k_c W \tag{3.13}$$

式中，α_w 为综合影响系数，一般取值为 0.25。

第4章 边坡潜在滑动面搜索方法

边坡工程的稳定性评价与设计，其核心内容为确定边坡最危险滑动面的位置，并计算对应的边坡最小稳定系数。在边坡稳定性评价过程中，常采用极限平衡理论模型。因此，边坡稳定性评价与设计的重要工作是如何确定边坡的最危险滑动面的位置。在实际工程中，并不是所有边坡的最危险滑动面是未知的，某些边坡工程在对其进行稳定性评价时，其最危险滑动面的位置可以确定。所以，边坡滑动面的类型可以概括为两类：一类为固有结构滑动面，一类为潜在滑动面。

4.1 固有结构滑动面

边坡岩土体受多种结构面控制时，由于结构面抗剪强度较低，沿结构面滑动或剪切变形的可能性最大。因此，应首先考虑固有结构面最有可能成为边坡的危险滑动面。一般在边坡体内常见的危险结构面有：古滑动面(带)、古风化壳、软弱夹层、老土与新填土分界面、断层破碎带和裂隙等。

1. 古滑动面(带)

边坡在历史上曾经滑动过，其内部有古滑动面(带)，由于能量的释放，边坡暂处于稳定状态。当一些诱发因素如降雨作用、地下水作用、河水侵蚀作用、地震作用或人类工程活动十分活跃时，边坡将再次沿古滑面滑动失稳，滑坡复活。古滑动带如图 4.1(a)所示。由于古滑面(带)贯通整个边坡岩土体，岩土力学强度较低，是边坡再次失稳的薄弱部位。因此重视古滑面(带)的调查研究显得尤为重要。

2. 古风化壳或软弱夹层

古风化壳是地质历史时期由于风化作用在地表形成的一层松散软弱层带，被后来新近沉积土所覆盖，成为岩土体中的软弱夹层，表现为变形大、抗剪强度低，力学性能较差。如果边坡岩土体中存在古风化壳或软弱夹层，则它将成为边坡破坏失稳的主要控制结构面。古风化壳如图 4.1(b)所示，软弱夹层如图 4.1(c)所示。

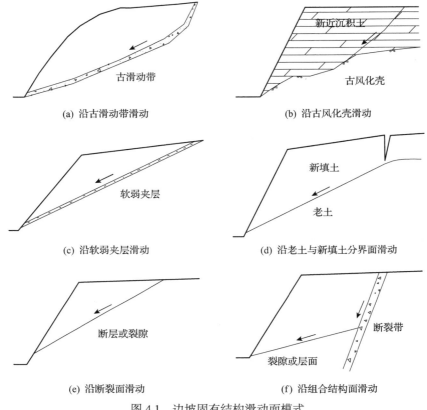

(a) 沿古滑动带滑动   (b) 沿古风化壳滑动

(c) 沿软弱夹层滑动   (d) 沿老土与新填土分界面滑动

(e) 沿断裂面滑动   (f) 沿组合结构面滑动

图 4.1   边坡固有结构滑动面模式

3. 老土与新填土分界面

在边坡工程中，有时将素填土或杂填土等置于老土之上，在两层土分界面上形成危险滑动面，如果不进行有效的处理将导致边坡沿此面发生变形乃至滑塌。老土与新填土分界面如图 4.1(d)所示。

4. 断层破碎带和裂隙

边坡岩土体内的断层和裂隙对边坡稳定性起着控制作用，特别是顺坡向的缓倾断层和裂隙，以及两者的不利组合，往往形成边坡失稳的危险滑动面。如图 4.1(e)边坡内存在一顺坡向缓倾角断层，如果在坡脚揭露该断层面，将造成边坡明显变形和滑动。图 4.1(f)所示，边坡内存在一顺坡向陡倾断裂带，它与缓倾角的长大裂隙或层面组合，共同构成边坡的危险滑动面。当有地下水作用时，将进一步增大具有这种组合结构面的边坡的危险性。

4.2　潜在滑动面的确定

对于边坡体内没有明显主控结构面, 且可概化为连续介质的边坡, 过去对其进行稳定性分析时, 多采用人为指定潜在滑动面的位置, 这对研究者的理论水平和工程经验提出了较高的要求。但是对于比较复杂的边坡, 即使是经验丰富的研究者也难以预先准确指定最危险滑动面的位置。因此, 自 20 世纪 70 年代开始, 研究者开始致力于边坡最危险滑动面搜索技术的研究, 提出了不同的搜索方法, 大致可以划分为枚举法[14]、模式搜索法[15]、试算法(随机搜索法)[16]、数学规划法[17]、人工智能法[18]、动态规划法[19]。

1. 枚举法

枚举法是早期计算机辅助边坡稳定性分析中常用的一种方法, 其基本做法是确定圆心坐标的搜索区域, 把搜索区域按一定的精度划分, 分别计算每个节点的稳定系数, 取最小值点即为最小稳定系数。枚举法的搜索点在搜索之前已经确定了位置, 不受稳定系数的目标函数形态影响, 也不会陷入局部极小值。枚举法的滑动面形式为圆弧滑动面, 滑动面圆心搜索区域依据工程经验确定, 搜索范围广, 计算量大, 计算精度的提高取决于搜索区域的精细划分, 常导致计算量成指数增加。

2. 模式搜索法

模式搜索法主要采用探测、移动两种策略来搜索解空间, 确定边坡稳定系数的最优解。所谓探测是在初始点四周分别计算相应的边坡稳定系数, 并找到比当前更好的解, 所谓移动是在初始点和新解点的连线上再次寻找更好的解。具体操作流程如下:

(1)随机给定一个起始点, 计算其稳定系数。

(2)以一定的步长在起始点上下左右各确定一点, 分别对其进行探测, 确定下一个中心点移动的方向。

(3)计算移动方向上的稳定系数。

(4)当新的稳定系数比原来的稳定系数小时, 以移动点为中心点, 步长缩短一半, 重复第(2)步, 直至中心点外围没有稳定系数再小的点或搜索步长满足精度为止。

模式搜索法在搜索过程对每个方向均进行了探测, 突破了搜索区域的限制，一般适用于确定圆弧滑动面的边坡稳定系数。搜索点是在搜索过程中产生的，容易陷入局部极小值。对于复杂的边坡，边坡稳定系数受选择起始点的影响较大，因此应选择不同的起始点进行多次运算比较，以确保最后结果的可靠性。

3. 试算法(或随机搜索法)

试算法是确定边坡潜在滑动面常见的方法，起始于瑞典圆弧法的滑面的确定。试算法假定一系列的滑动圆弧或圆心，以此为计算模型求出它们各自的稳定系数，其中稳定系数最小的一个圆弧面即为边坡的潜在滑动面。对于具有 n 组折线形滑动面的边坡也可采用试算法，如萨尔玛法采用试算法确定潜在滑动面可取得满意结果。

随机搜索法也是假定若干滑动面，不同的是其滑动面是依据随机理论随机产生的，并不是人为界定的。在边坡稳定性分析中，临界滑动面唯一地存在于某一确定的可行域内，其抗滑稳定系数值为 F_s，为了将可行域内该滑动面准确搜索出来，根据概率理论的随机方法在域内生成若干某种形状的滑动面，同时计算相应的稳定系数 F_{si}，随着滑动面投掷量的增加，计算所得的稳定系数 F_{si} 总体中最小者 $\min\{F_{si}\}$ 不再明显减小，此时即认为相应 $\min\{F_{si}\}$ 的滑动面为潜在滑动面。随机搜索法的缺点是计算量大，当自由度数较多时，很难搜索出最危险滑动面的位置，通常要配合相应的数学规划法才能获得最佳结果。

4. 数学规划法

数学规划法将生成滑动面 $y(x)$ 看成一个变量，稳定系数视为滑动面的泛函。数学规划法通常对目标函数采取一定的措施，使得滑动面沿梯度下降方向移动，从而求得边坡稳定系数的极小值。在线性-非线性规划方法中，研究学者根据具体问题采用了不同方法，但是实际情况表明，对于较为复杂的边坡，采取单一的数学规划法容易陷入局部极小值，计算结果的精度或可信度以及效率情况难以保证，应用较多的为单纯形优化算法和鲍威尔(Powell)优化算法。

1)单纯形优化算法

虽然单纯形优化算法的全局搜索能力较差，但是其局部搜索能力很强，特别在局部搜索过程中，是一种不错的优化算法，本书采用单纯形优化算法对边坡最危险滑动面进行局部搜索，具体实施过程和操作步骤将在第 6 章进行详细讲解。

2）鲍威尔优化算法

在静力条件下，具有折线形潜在滑动面的边坡稳定系数 F_s 的极限平衡方程为

$$F_s = f\left(H, \alpha, c, \varphi, W_1, W_2, \cdots, W_n\right) \tag{4.1}$$

式中，H 为边坡高度，m；$W_1, W_2, \cdots, W_n$ 为块体重量，kN。

H、α、c、φ 分别为边坡高度、坡角和抗剪强度指标，是已知常量。其中各块体重 $W_1, W_2, \cdots, W_n$ 是关于块体各滑面上角点的坐标 $x_1, y_1, x_2, y_2, \cdots, x_n, y_n$ 的函数。对于 n 个块体应有 $n+1$ 个滑面交点坐标。

由于第 1 块体的第一坐标通常取为坐标原点 $(0, 0)$ 为已知点，因此，只有 n 个坐标点的函数，稳定系数的最小值 F_s^* 为

$$F_s^* = \min\left\{ f(x_1, y_1, x_2, y_2, \cdots, x_n, y_n) \right\} \tag{4.2}$$

求稳定系数的最小值 F_s^* 归结为求下列 $2n$ 个非线性方程组问题，即

$$\begin{cases} \displaystyle\sum_{i=1}^{n} \frac{\partial f}{\partial x_i} = 0 \\ \displaystyle\sum_{i=1}^{n} \frac{\partial f}{\partial y_i} = 0 \end{cases} \tag{4.3}$$

式（4.3）的展开式十分复杂，且无法用解析法求解。因此，对于 n 组折线形滑面，可采用鲍威尔优化算法通过计算目标函数值就可以求出稳定系数的极小值和相应的坐标 x 值、y 值，即得到潜在滑动面。

5. 人工智能法

在边坡最危险滑动面搜索方面，常用的人工智能搜索方法有遗传算法[20,21]、蚁群算法[22,23]、模拟退火算法[24,25]和仿生算法[26]等。这些优化算法具有跳出局部极小值的能力，在全局搜索能力有一定的优势，缺点是它们的计算参数难以确定，在局部搜索能力上略显不足。下面主要针对遗传算法和模拟退火算法作简要的介绍。

1）遗传算法

遗传算法模仿了生物界的遗传过程，把任意滑裂面折线的每一个折点看作一个基因，则滑裂面折线相当于由折点基因串联在一起的染色体。这样，首先通过蒙特卡罗法随机生成数套"候选滑裂面折线"，就可构成一个具有不同染

色体个体的种群。在这个种群里，每一滑裂面个体将模仿生物进化中优胜劣汰的自然选择法则进行生存竞争，为了实现向最小稳定系数逼近，每一滑裂面个体除自身产生一定的随机变异(局部形态微调)外，还与种群中的其他个体进行基因交换(部分区段交换)，以取长补短。在每一次循环中，稳定系数较大的滑裂面将只有很小的机会继续生存和繁殖后代，最终被淘汰。而稳定系数较小的滑裂面将有最好的机会继续生存并繁殖后代。因为这种变异、交换、淘汰及繁殖的进化过程将持续进行，而后代又总在不断继承父代的最好特征并随机地进行自身进一步的优化改进，所以，最终种群中的各滑裂面染色体都将逐渐适应要求，进化收敛为一簇稳定系数最小的类似个体，即最危险滑裂面。遗传算法模拟了生物进化中稳定优化的繁殖和选择过程，并且把一组模型中适者生存的原则和随机化的信息交换结合在一起。因此，与传统随机搜索法相比，遗传算法将更高效、更可靠。

2)模拟退火算法

模拟退火算法是通过模拟高温金属降温的热力学过程，形成一种随机组合的优化方法。模拟退火在进行优化时先确定初始温度，随机选择一个初始状态并考察该状态的目标函数值，然后对当前状态施加一个小扰动，并计算新状态的目标函数值，以概率1接受好点，以某种概率 P_r 接受较差点作为当前点，直到系统冷却。模拟退火算法中的参数对计算结果影响很大。

模拟退火算法实际上是一种局部搜索能力比较强的搜索方法，适宜将模拟退火算法与其他的方法相结合，利用不同算法的各自优势构建混合算法来解决复杂的优化问题。

6. 动态规划法

动态规划法把最危险滑动面的确定看成一个多阶段的决策过程，理论基础是最优原理，其本质是全局最小策略，首先将边坡进行条分，并在分界线上划分多个状态点，连接各条分界线相邻条块上的任意状态点，最终连线就可构成边坡的潜在滑动面。该搜索过程不会受到局部极小值的影响，但是这种方法只适用于目标函数形式为可分的费用函数形式，需要对目标函数进行变换，变换后的目标函数的极值将对应变换前的稳定系数的极值，动态规划法搜索结果为变换后的目标函数的全局最小点，但是不能确保就是全局极小值点。

需要指出的是，潜在滑动面的剪入口和出口点的位置需要根据实际边坡设置虚拟状态点，这在计算中会带来诸多不便。

4.3　边坡潜在滑动面搜索方法的选取

在边坡稳定性分析与评价的过程中，能否选用合适的边坡潜在滑动面搜索方法至关重要。枚举法、模式搜索法、随机搜索法、人工智能法等，虽然具有较强的全局搜索能力，但是在确定参数和局部搜索能力上明显不足，且计算量较大。而数学规划法如单纯形优化算法虽然具有较强的局部搜索能力，但是全局搜索能力不足。因此，本书将综合各种搜索方法的优势，并对随机搜索方法进行改进，提出有限随机追踪法，并结合单纯形优化算法形成"单纯形-有限随机追踪法"的优化算法，较好地解决了边坡潜在滑动面的搜索问题。该方法将在第 6 章进行详细介绍。

第5章　边坡稳定性计算方法与改进

极限平衡分析法是工程实践中应用较早且普遍的一种边坡稳定性定量分析方法。通过分析在临近破坏状况下，岩土体外力与内部强度所提供抗力之间的平衡，采用边坡稳定系数评价边坡岩土体在自身和外部荷载作用下的稳定性程度。工程上常见的计算方法有圆弧法、瑞典条分法、简化毕肖普法、Janbu法、Spencer法、Morgenstern-Price法、传递系数法、萨尔玛法等。上述方法的不同之处在于其基本假设不同，主要反映在适用的滑面形态、条分形式和是否考虑条块间作用力等方面。各种边坡稳定系数计算方法的比较如表5.1所示。

表5.1　各种边坡稳定系数计算方法的比较

计算方法	适用的滑面形态	条分形式	是否考虑条块间作用力
圆弧法	圆弧	整体	不考虑
瑞典条分法	圆弧	垂直条分	不考虑
简化毕肖普法	圆弧	垂直条分	考虑
Janbu法	圆弧、非圆弧	垂直条分	考虑
Spencer法	圆弧，或拟合中心圆弧	垂直条分	条间的法向力与切向力的比值为一常数
Morgenstern-Price法	非圆弧	垂直条分	条间的法向力与切向力的比值为水平方向坐标的函数
传递系数法	折线形	垂直条分	考虑
萨尔玛法	任意复杂形态	非垂直条分	考虑

极限平衡分析法具有计算模型简单、可以解决各种复杂剖面形状、能考虑各种加载形式和便于计算的优点，在挖填方边坡工程实践中应用广泛。但对于挖填方边坡，若具有较为复杂的工程地质条件和受力边界，其计算模型还需要进行完善和改进。

对于圆弧滑动面，《建筑边坡工程技术规范》(GB 50330—2013)[2]推荐采用简化毕肖普法进行计算。对于折线形滑动面，《建筑边坡工程技术规范》(GB 50330—2013)[2]推荐采用传递系数法的隐式算法。萨尔玛法独立假设条件较少，在折线型滑动面的稳定系数计算中也有广泛的应用。因此本书主要针对四种常用的方法(瑞典条分法、简化毕肖普法、传递系数法和萨尔玛法)进行阐述，在其基本理论的基础上推导了可以考虑地震作用、地下水作用、工程荷载作用、土工布或土工格栅加筋补强等因素的边坡稳定性计算方法，使其能满足建筑挖填方边坡稳定性评价和设计的需求。

5.1　瑞典条分法

瑞典条分法是基于极限平衡原理，在黏性土坡稳定分析中比较简单而实用的方法。瑞典条分法首先假定若干个可能的滑动面，然后将滑动面以上的土体分成若干垂直土条，对作用于各土条上的力进行力和力矩的平衡分析，求出在极限平衡状态下的边坡稳定系数，并通过一定数量的试算，找出最危险滑动面的位置以及相应的(最小的)稳定系数。瑞典条分法力学模型如图 5.1 所示。

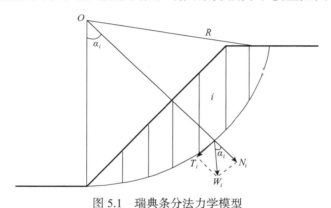

图 5.1　瑞典条分法力学模型

5.1.1　瑞典条分法的基本算法

通过对瑞典条分法力学模型的受力分析，求出各土条的底滑面的法向力与切向力之和，根据莫尔-库仑强度准则求出由法向力产生的抗滑阻力，并求出抗滑阻力相对于滑动面圆心的力矩 $M_{抗}$ 与切向力相对于滑动面圆心的力矩 $M_{滑}$ 之比，瑞典条分法的基本计算公式为

$$F_{\mathrm{s}} = \frac{M_{抗}}{M_{滑}} = \frac{\sum\limits_{i=1}^{n} c_i L_i + \sum\limits_{i=1}^{n} (\gamma_i b_i h_i \cos\alpha_i) \tan\varphi_i}{\sum\limits_{i=1}^{n} \gamma_i b_i h_i \sin\alpha_i} \tag{5.1}$$

式中，b_i 为第 i 条块的宽度，m；c_i 为第 i 条块底面的黏聚力，kPa；h_i 为第 i

条块的平均高度；L_i 为第 i 条块的底滑面长度，m；α_i 为第 i 条块底面中心的法线（过圆心）与过圆心的垂直线间夹角，（°）；γ_i 为第 i 条块的岩土体重度，kN/m^3；φ_i 为第 i 条块底面的内摩擦角，（°）。

5.1.2 瑞典条分法的改进算法

改进的算法中考虑了坡顶（脚）连续分布荷载 q、坡面集中荷载 F_i、坡体内水平地震力作用 $\alpha_w k_c W_i$、渗透力作用 F_{di}、土工布或土工格栅的抗拉作用力 T_{gi} 等。条块 i 除了受自重荷载 W_i、底面法向力 N_i 和抗剪力 T_i 之外，还受坡顶（脚）连续分布荷载 q、坡面集中荷载 F_i、坡体内水平地震力 $\alpha_w k_c W_i$、渗透力 F_{di}、土工布或土工格栅的拉力 T_{gi} 等荷载的作用。取第 i 条块进行力学分析，改进的瑞典条分法条块力学模型如图 5.2 所示。改进的瑞典条分法条块几何模型如图 5.3 所示。

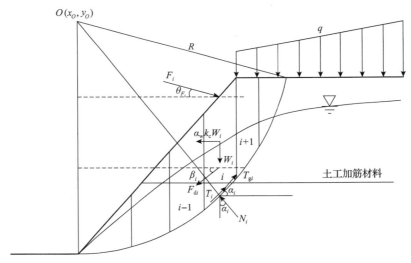

图 5.2 改进的瑞典条分法条块力学模型

1) 坡顶（脚）连续分布荷载

坡顶（脚）连续分布荷载的最小值为 q_{min}、最大值为 q_{max}，方向垂直向下，与坡顶高程无关。荷载作用范围采用横坐标确定，即 (x_s, x_e)。第 i 条块的坡顶（脚）荷载分布关系分为 6 种情况。坡顶（脚）连续分布荷载分布情况如图 5.4 所示。

第 i 条块的连续分布荷载 Q_i 计算如下：

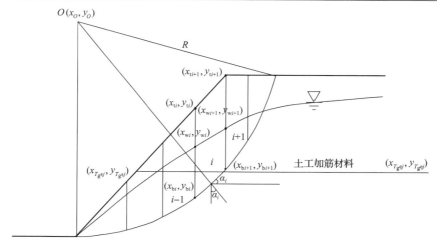

图 5.3　改进的瑞典条分法条块几何模型

（1）当 $x_s \geqslant x_{i+1}$，或 $x_e \leqslant x_i$ 时，如图 5.4（a）、（b）所示的情况，则

$$Q_i = 0 \tag{5.2}$$

（2）当 $x_i \leqslant x_s < x_{i+1}$，且 $x_e \geqslant x_{i+1}$ 时，如图 5.4（c）所示的情况，则

$$Q_i = \frac{2q_{\min} + \dfrac{q_{\max} - q_{\min}}{x_e - x_s}\left(x_{i+1} - x_s\right)}{2}\left(x_{i+1} - x_s\right) \tag{5.3}$$

（3）当 $x_s > x_i$，且 $x_e < x_{i+1}$ 时，如图 5.4（d）所示的情况，则

$$Q_i = \frac{q_{\min} + q_{\max}}{2}\left(x_e - x_s\right) \tag{5.4}$$

（4）当 $x_s \leqslant x_i$，且 $x_e \geqslant x_{i+1}$ 时，如图 5.4（e）所示的情况，则

$$Q_i = \frac{2q_{\min} + \dfrac{q_{\max} - q_{\min}}{x_e - x_s}\left(x_i + x_{i+1} - 2x_s\right)}{2}\left(x_{i+1} - x_i\right) \tag{5.5}$$

（5）当 $x_s \leqslant x_i$，且 $x_i < x_e < x_{i+1}$ 时，如图 5.4（f）所示的情况，则

$$Q_i = \frac{q_{\min} + q_{\max} + \dfrac{q_{\max} - q_{\min}}{x_e - x_s}\left(x_i - x_s\right)}{2}\left(x_e - x_i\right) \tag{5.6}$$

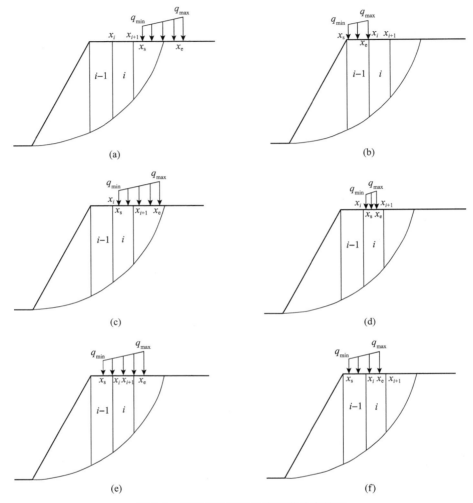

图 5.4　坡顶(脚)连续分布荷载分布情况

2)坡面集中荷载

坡面集中荷载设为 F_i，作用角度为与水平面夹角 θ_{F_i}（此角不能为负值），作用点为(x_{F_i}, y_{F_i})。则有

（1）抗滑力矩：

$$M_{F_i} = F_i\left(y_O - y_{F_i}\right)\cos\theta_{F_i} - F_i\left(x_{F_i} - x_O\right)\sin\theta_{F_i} \qquad (5.7)$$

（2）附加滑面法向力：

$$N_{F_i} = F_i\sin\left(\theta_{F_i} + \alpha_i\right) \qquad (5.8)$$

3) 水平地震力作用

水平地震力由水平地震系数 k_c 和综合水平地震影响系数 α_w 计算获得，即 $\alpha_w k_c (W_i + Q_i)$，作用方向水平向外（最不利条件），作用点为第 i 条块的重心 $(x_{k_{ci}}, y_{k_{ci}}) = (x_{ci}, y_{ci})$。第 i 条块重心坐标算法的具体推导过程参见本书 8.2 节。

（1）滑动力矩：

$$M_{k_{ci}} = \alpha_w k_c (W_i + Q_i)(y_o - y_{k_{ci}}) \tag{5.9}$$

（2）附加滑面法向力：

$$N_{k_{ci}} = -\alpha_w k_c (W_i + Q_i)\sin\alpha_i \tag{5.10}$$

4) 地下水渗透力作用

地下水的渗透力由坡体内地下水力梯度计算获得，设为 F_{di}，作用方向与该单元水位线流动方向一致，与水平面夹角为 β_i（该角度不能为负值，流向坡外），作用点为第 i 条块水位线以下岩土体的形心 $(x_{F_{di}}, y_{F_{di}})$。第 i 条块形心坐标算法的推导过程可参见本书 8.2 节。渗透力计算公式为

$$F_{di} = \gamma_w V_i I_i$$

$$I_i = \frac{y_{wi+1} - y_{wi}}{\sqrt{(x_{wi+1} - x_{wi})^2 + (y_{wi+1} - y_{wi})^2}} \tag{5.11}$$

$$\beta_i = \arctan\left(\frac{y_{wi+1} - y_{wi}}{x_{wi+1} - x_{wi}}\right) \tag{5.12}$$

式中，β_i 为第 i 条块渗流方向与水平面夹角。

$$
\begin{aligned}
V_i &= \frac{1}{2}\left(\begin{vmatrix} x_{bi} & y_{bi} & 1 \\ x_{wi+1} & y_{wi+1} & 1 \\ x_{wi} & y_{wi} & 1 \end{vmatrix} + \begin{vmatrix} x_{bi} & y_{bi} & 1 \\ x_{bi+1} & y_{bi+1} & 1 \\ x_{wi+1} & y_{wi+1} & 1 \end{vmatrix}\right) \\
&= \frac{1}{2}\left[(x_{wi} - x_{bi+1})(y_{bi} - y_{wi+1}) + (x_{wi+1} - x_{bi})(y_{wi} - y_{bi+1})\right]
\end{aligned}
\tag{5.13}
$$

式中，V_i 为第 i 条块的渗流体积。

（1）滑动力矩：

$$M_{F_{di}} = F_{di}(y_O - y_{F_{di}})\cos\beta_i + F_{di}(x_{F_{di}} - x_O)\sin\beta_i \tag{5.14}$$

（2）附加滑面法向力：

$$N_{F_{di}} = -F_{di}\sin(\alpha_i - \beta_i) \tag{5.15}$$

5）坡体自重荷载

第 i 条块自重的计算公式为

$$W_i = \gamma_i b_i h_i \tag{5.16}$$

$$b_i = x_{bi+1} - x_{bi} \tag{5.17}$$

$$h_i = \frac{(y_{ti} - y_{bi}) + (y_{ti+1} - y_{bi+1})}{2} \tag{5.18}$$

式中，b_i 为第 i 条块的宽度，m；h_i 为第 i 条块的平均高度，m；γ_i 为第 i 条块的加权重度，kN/m^3。

计算第 i 条块自重公式也可以为

$$W_i = \frac{1}{2}\left(\begin{vmatrix} x_{bi} & y_{bi} & 1 \\ x_{ti+1} & y_{ti+1} & 1 \\ x_{ti} & y_{ti} & 1 \end{vmatrix} + \begin{vmatrix} x_{bi} & y_{bi} & 1 \\ x_{bi+1} & y_{bi+1} & 1 \\ x_{ti+1} & y_{ti+1} & 1 \end{vmatrix} \right)\gamma_i$$
$$= \frac{1}{2}\left[(x_{ti} - x_{bi+1})(y_{bi} - y_{ti+1}) + (x_{ti+1} - x_{bi})(y_{ti} - y_{bi+1}) \right]\gamma_i \tag{5.19}$$

式中，水位线以下岩土体重度采用浮重度。

6）土工布及土工格栅单位宽度拉力值

填方边坡中，坡体内的加筋材料起到沿潜在滑动面方向的抗拉作用，根据《土工合成材料应用技术规范》（GB/T 50290—2014）[27]中规定每层筋材抗拉强度容许值计算公式为

$$T_a = \frac{1}{F_{iD}F_{cR}F_D}T \tag{5.20}$$

式中，F_D 为材料长期老化影响的强度折减系数；F_{iD} 为筋材铺设时机械损伤强度折减系数；F_{cR} 为筋材蠕变影响的强度折减系数；T 为由加筋材料拉伸试验测得的极限抗拉强度，kN/m；T_a 为设计容许抗拉强度，kN/m。

筋材真正发挥的效用除了保证在容许抗拉强度值范围内，同时还要保证筋材的抗拔稳定性强度，避免筋材在发挥最大效用之前已经抗拔失稳。根据《公路土工合成材料应用技术规范》（JTG/T D32—2012）[28]筋材的抗拔稳定性强度

计算公式为

$$T_{Pi} = \frac{2\sigma'_{vi}R_c L_{ei} f_{GS}\alpha}{F_e} \tag{5.21}$$

式中，F_e 为筋材抗拔的稳定安全系数，对粒料土 $F_e=1.5$，对黏性土 $F_e=2.0$；f_{GS} 为筋材与土的摩擦系数，无量纲，根据试验确定；L_{ei} 为第 i 层筋材的有效长度，按破裂面以外的筋材长度确定，m；R_c 为筋材的覆盖率，对土工格栅和土工织物，$R_c=1$；T_{Pi} 为筋材抗拔力强度，kN/m；α 为筋材与土相互作用的非线性分布效应系数，取 0.6~1.0；资料缺乏时，土工格栅取 0.8，土工织物取 0.6；σ'_{vi} 为第 i 筋材上的有效法向应力，kN/m²。

第 i 层筋材的有效拉力值为

$$T_{gi} = \min\left(T_a, T_{Pi}\right) \tag{5.22}$$

通过上述边坡的力学分析，以及瑞典条分法稳定系数定义，可得改进的稳定系数计算公式为

$$F_s = \frac{M_{抗}}{M_{滑}} = \frac{M_T + M_F + M_{T_g}}{M_{Q+W} + M_{k_c} + M_{F_d}} \tag{5.23}$$

式中，

$$M_T = R\sum_{i=1}^{n}\left\{c_i L_i + \left[(Q_i + W_i)\cos\alpha_i + F_i\sin\left(\theta_{F_i} + \alpha_i\right) - \alpha_w k_c\left(Q_i + W_i\right)\sin\alpha_i \right.\right.$$
$$\left.\left. - F_{di}\sin\left(\alpha_i - \beta_i\right)\right]\tan\varphi_i\right\} \tag{5.24}$$

$$M_F = \sum_{i=1}^{n}\left[F_i\left(y_O - y_{F_i}\right)\cos\theta_{F_i} - F_i\left(x_{F_i} - x_O\right)\sin\theta_{F_i}\right] \tag{5.25}$$

$$M_{T_g} = \sum_{i=1}^{n}\left(R\sum_{j=1}^{m}T_{gij}\right) \tag{5.26}$$

$$M_{Q+W} = \sum_{i=1}^{n}R\left(Q_i + W_i\right)\sin\alpha_i \tag{5.27}$$

$$M_{k_c} = \sum_{i=1}^{n}\alpha_w k_c\left(Q_i + W_i\right)\left(y_o - y_{k_{ci}}\right) \tag{5.28}$$

$$M_{F_{\mathrm{d}}} = \sum_{i=1}^{n} \left[F_{\mathrm{d}i} \left(y_O - y_{F_{\mathrm{d}i}} \right) \cos \beta_i + F_{\mathrm{d}i} \left(x_{F_{\mathrm{d}i}} - x_O \right) \sin \beta_i \right] \qquad (5.29)$$

式中，M_T 为滑面抗剪力产生的抗滑力矩，kN·m；M_F 为坡面集中荷载抗滑力矩，kN·m；$M_{T_{\mathrm{g}}}$ 为加筋材料抗滑力矩，kN·m；M_{Q+W} 为自重与坡顶（脚）荷载产生的滑动力矩，kN·m；$M_{k_{\mathrm{c}}}$ 为地震滑动力矩，kN·m；$M_{F_{\mathrm{d}}}$ 为渗流滑动力矩，kN·m；R 为滑动圆弧半径，m；θ_{F_i} 为第 i 条块坡面集中荷载作用方向与水平面夹角，(°)；α_i 为第 i 条块底面与水平面夹角，(°)；β_i 为第 i 条块渗流方向与水平面夹角，(°)；T_{gij} 为第 i 条块底面 j 层筋材的有效拉力值，kN；m 为作用在第 i 条块底面上筋材的层数。

5.2　简化毕肖普法

考虑到边坡滑体在滑动过程中可能发生破裂，在这种情况下条块间存在着相互作用力，包括水平向压力和竖直剪切力。瑞典条分法忽略了土条侧面的作用力，算出的边坡稳定系数可能偏低 10%～20%。条块间的相互作用力是未知的，求解时需做某些简化假设。简化毕肖普法是只考虑了条块间水平作用力，不考虑条块间竖向剪切力的分析法。

1955 年毕肖普 (Bishop)[29] 提出边坡稳定系数的含义是沿整个滑动面上的抗剪强度 τ_f 与实际产生剪应力 T 的比，即 $F_s = \tau_f / T$，并考虑了各土条侧面间存在着作用力，称这种稳定系数计算方法为简化毕肖普法。该方法假定相邻土条间侧向作用力矩相互抵消，且条块间切向力满足 $X_{i+1} - X_i = 0$。将圆弧面上的滑体分为若干垂直条块，分别求其自重并将重力分解成与滑动圆弧相切和正交的两个分量，以圆弧的圆心为力矩中心，建立极限平衡方程，求该圆弧上的稳定系数。简化毕肖普法受力分析图如图 5.5 所示。

5.2.1　简化毕肖普法的基本算法

简化毕肖普法的稳定系数计算公式为

$$F_{\mathrm{s}} = \frac{\sum_{i=1}^{n} \dfrac{1}{m_{\alpha_i}} \left(c_i L_i \cos \alpha_i + W_i \tan \varphi_i \right)}{\sum_{i=1}^{n} W_i \sin \alpha_i} \qquad (5.30)$$

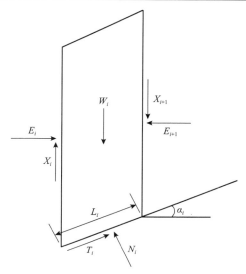

图 5.5　简化毕肖普法受力分析图

式中，

$$m_{\alpha_i} = \cos\alpha_i + \frac{\sin\alpha_i \tan\varphi_i}{F_s} \tag{5.31}$$

简化毕肖普法计算稳定系数的算法过程如下，根据条块竖向合力 $F_y = 0$，可得

$$W_i + \left(X_{i+1} - X_i\right) - N_i \cos\alpha_i - T_i \sin\alpha_i = 0 \tag{5.32}$$

式中，

$$T_i = \frac{N_i \tan\varphi_i}{F_s} + \frac{c_i L_i}{F_s} \tag{5.33}$$

设

$$X_{i+1} - X_i = 0 \tag{5.34}$$

将式（5.34）代入式（5.32），可得

$$W_i - N_i \cos\alpha_i - \left(\frac{N_i \tan\varphi_i}{F_s} + \frac{c_i L_i}{F_s}\right)\sin\alpha_i = 0 \tag{5.35}$$

则有

$$N_i = \frac{W_i - \dfrac{c_i L_i \sin \alpha_i}{F_s}}{\cos \alpha_i + \dfrac{\sin \alpha_i \tan \varphi_i}{F_s}} \tag{5.36}$$

设

$$m_{\alpha_i} = \cos \alpha_i + \frac{\sin \alpha_i \tan \varphi_i}{F_s}$$

则式(5.36)简化为

$$N_i = \frac{W_i - \dfrac{c_i L_i \sin \alpha_i}{F_s}}{m_{\alpha_i}} \tag{5.37}$$

若边坡滑动面为圆弧, 半径为 R, 并假定不考虑相邻土条间侧向作用力矩, 则边坡稳定系数为

$$
\begin{aligned}
F_s &= \frac{\displaystyle\sum_{i=1}^{n} T_{fi} R}{\displaystyle\sum_{i=1}^{n} W_i \sin \alpha_i R} = \frac{\displaystyle\sum_{i=1}^{n} \left(N_i \tan \varphi_i + c_i L_i \right)}{\displaystyle\sum_{i=1}^{n} W_i \sin \alpha_i} \\
&= \frac{\displaystyle\sum_{i=1}^{n} \left(\dfrac{W_i - \dfrac{c_i L_i \sin \alpha_i}{F_s}}{m_{\alpha_i}} \tan \varphi_i + c_i L_i \right)}{\displaystyle\sum_{i=1}^{n} W_i \sin \alpha_i} \\
&= \frac{\displaystyle\sum_{i=1}^{n} \dfrac{1}{m_{\alpha_i}} \left(c_i L_i \cos \alpha_i + W_i \tan \varphi_i \right)}{\displaystyle\sum_{i=1}^{n} W_i \sin \alpha_i}
\end{aligned}
\tag{5.38}
$$

5.2.2　简化毕肖普法的改进算法

改进的毕肖普法力学模型如图 5.6 所示。计算几何模型仍然采用改进的瑞典条分法模型。模型中同样假定相邻土条间侧向作用力矩相互抵消, 且条块间

切向力满足 $X_{i+1}-X_i=0$。模型也考虑了坡顶(脚)连续分布荷载 q、坡面集中荷载 F_i、坡体内水平地震力作用 $\alpha_w k_c W_i$、渗透力作用 F_{di}、土工布或土工格栅的抗拉作用力 T_{gi} 等。

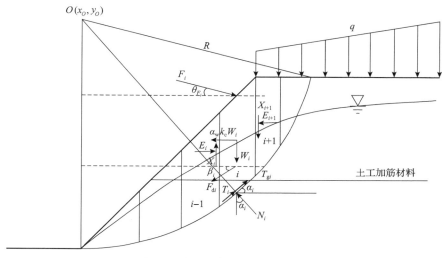

图 5.6　改进的毕肖普法力学模型

边坡各类荷载及其作用点的计算，与 5.1.2 节中改进的瑞典条分法坡体荷载分析方法相同。

改进的毕肖普法同样需要满足垂直向合力的平衡和以潜在滑动面圆弧圆心为力矩中心的力矩平衡。

根据 $F_y = 0$，可得

$$W_i + Q_i + F_i \sin\theta_{F_i} + F_{di}\sin\beta_i + \left(X_{i+1} - X_i\right) - N_i\cos\alpha_i - T_i\sin\alpha_i - T_{gi}\sin\alpha_i = 0$$

$$(5.39)$$

式中，

$$T_i = \frac{N_i \tan\varphi_i}{F_s} + \frac{c_i L_i}{F_s}$$

$$(5.40)$$

设

$$X_{i+1} - X_i = 0$$

$$(5.41)$$

则式 (5.39) 可以写为

$$W_i + Q_i + F_i \sin\theta_{F_i} + F_{di} \sin\beta_i - N_i \cos\alpha_i - \left(\frac{N_i \tan\varphi_i}{F_s} + \frac{c_i L_i}{F_s}\right) \sin\alpha_i - T_{gi} \sin\alpha_i = 0 \tag{5.42}$$

则有

$$N_i = \frac{W_i + Q_i + F_i \sin\theta_{F_i} + F_{di} \sin\beta_i - \dfrac{c_i L_i \sin\alpha_i}{F_s} - T_{gi} \sin\alpha_i}{\cos\alpha_i + \dfrac{\sin\alpha_i \tan\varphi_i}{F_s}} \tag{5.43}$$

式中，

$$m_{\alpha_i} = \cos\alpha_i + \frac{\sin\alpha_i \tan\varphi_i}{F_s}$$

则式 (5.43) 可化简为

$$N_i = \frac{W_i + Q_i + F_i \sin\theta_{F_i} + F_{di} \sin\beta_i - \dfrac{c_i L_i \sin\alpha_i}{F_s} - T_{gi} \sin\alpha_i}{m_{\alpha_i}} \tag{5.44}$$

若边坡滑动面为圆弧，半径为 R。根据条块受力条件，考虑荷载作用点的效果，并假定不考虑相邻条块间侧向作用力矩。以潜在滑动面圆弧圆心 O 为力矩中心点计算力矩，边坡稳定系数为

$$F_s = \frac{M_{抗}}{M_{滑}} = \frac{M_T + M_F + M_{T_g}}{M_{Q+W} + M_{k_c} + M_{F_d}} \tag{5.45}$$

式中，

$$M_T = \sum_{i=1}^{n} R\left(c_i L_i + N_i \tan\varphi_i\right) \tag{5.46}$$

$$M_F = \sum_{i=1}^{n} \left[F_i\left(y_O - y_{F_i}\right)\cos\theta_{F_i} - F_i\left(x_{F_i} - x_O\right)\sin\theta_{F_i} \right] \tag{5.47}$$

$$M_{T_g} = \sum_{i=1}^{n}\left(R\sum_{j=1}^{m} T_{gij} \right) \tag{5.48}$$

$$M_{Q+W} = \sum_{i=1}^{n} R(Q_i + W_i) \sin \alpha_i \tag{5.49}$$

$$M_{k_c} = \sum_{i=1}^{n} \alpha_w k_c (W_i + Q_i)(y_O - y_{k_{ci}}) \tag{5.50}$$

$$M_{F_d} = \sum_{i=1}^{n} \left[F_{di}(y_O - y_{F_{di}}) \cos \beta_i + F_{di}(x_{F_{di}} - x_O) \sin \beta_i \right] \tag{5.51}$$

5.3　传递系数法

传递系数法是工程上常用的边坡稳定系数与下滑推力计算方法。传递系数法假设：边坡底滑面为折线形，将边坡体沿滑动面划分为若干垂直条块，条块为刚体条块；条块间沿底滑面方向传递下滑力。传递系数法条块划分示意图如图 5.7 所示。

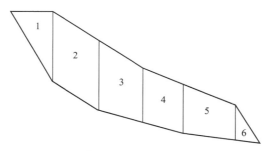

图 5.7　传递系数法条块划分示意图

5.3.1　传递系数法的基本算法

边坡破坏实质是边坡体沿滑移面的剪切破坏，边坡稳定系数应反映边坡滑移面的强度储备情况。因此，边坡稳定系数以定义为条块滑移面上抗剪强度与剪应力之比为宜，并以此建立各条块的力学平衡方程来求解边坡的下滑力。

不平衡推力传递系数法是针对滑面为折线形的条件下提出的。它假设条间力的作用方向与上一条块的底滑面方向平行，其作用点位于两单元分界面的中点。然后根据平行于底滑面和垂直于底滑面两个方向的合力等于零以及最前缘一块的剩余推力为零进行求解，滑动面的破坏服从莫尔-库仑强度准则。整个滑动面满足静力平衡条件，但是不满足力矩平衡条件。

当考虑边坡的地下水作用和地震作用时，基于传递系数法的极限平衡理论，建立传递系数法计算模型，如图 5.8 所示。计算模型的滑坡滑面为折线形，可采用式（5.52）进行计算。

$$K_f = \dfrac{\sum\limits_{i=1}^{n-1}\Big\{\big\{W_i\big[(1-r_u)\cos\alpha_i - A\sin\alpha_i\big] - R_{di}\big\}\tan\varphi_i + c_i L_i\Big\}\prod\limits_{j=i}^{n-1}\psi_j + R_n}{\sum\limits_{i=1}^{n-1}\big[W_i(\sin\alpha_i + A\cos\alpha_i) + T_{di}\big]\prod\limits_{j=i}^{n-1}\psi_j + T_n} \tag{5.52}$$

式中，A 为水平地震加速度系数；c_i 为第 i 条块的内聚力，kPa；K_f 为边坡稳定系数；R_{di} 为渗透压力产生的垂直于滑面分力，kN/m；r_u 为浮力的比率；T_{di} 为渗透压力产生的平行于滑面分力，kN/m；W_i 为第 i 条块的重量，kN/m；α_i 为第 i 条块的滑面倾角，（°）；φ_i 为第 i 条块的内摩擦角，（°）。

$$R_{di} = \gamma_w h_{wi} L_i \tan\beta_i \sin(\alpha_i - \beta_i)$$

$$r_u = \dfrac{滑体水下体积 \times 水的重度}{滑体总体积 \times 滑体重度}$$

$$T_{di} = \gamma_w h_{wi} L_i \tan\beta_i \cos(\alpha_i - \beta_i)$$

式中，h_{wi} 为第 i 条块水位；β_i 为第 i 条块的地下水流向与水平方向夹角，（°）。

$$R_n = \big\{W_n\big[(1-r_u)\cos\alpha_n - A\sin\alpha_n\big] - R_{dn}\big\}\tan\varphi_n + c_n L_n \tag{5.53}$$

$$T_n = W_n(\sin\alpha_n + A\cos\alpha_n) + T_{dn} \tag{5.54}$$

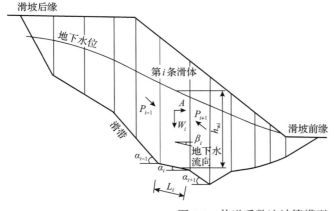

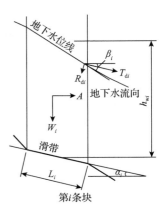

图 5.8　传递系数法计算模型

$$\prod_{j=i}^{n-1} \psi_j = \psi_i \psi_{i+1} \psi_{i+2} \cdots \psi_{n-1} \tag{5.55}$$

式中，ψ_i 为第 i 条块的剩余下滑力传递至第 $i+1$ 条块的传递系数。

$$\psi_i = \cos(\alpha_i - \alpha_{i+1}) - \sin(\alpha_i - \alpha_{i+1})\tan\phi_{+1}$$

滑坡下滑推力计算公式为

$$P_i = P_{i-1}\psi_{i-1} + K_s T_i - R_i \tag{5.56}$$

式中，K_s 为设计安全系数；P_i 为第 i 条块的推力，kN/m。

式(5.56)相关计算参数考虑了滑坡体饱水状态、地震荷载作用以及地下水渗透力作用，计算时需要调查地下水流向与水平方向夹角 β_i、水平地震加速度等资料。

5.3.2　传递系数法(显式)的改进算法

改进的传递系数法(显式)力学模型如图 5.9 所示。改进的传递系数法(显式)几何模型如图 5.10 所示。模型将考虑坡顶(脚)连续分布荷载 q、坡面集中荷载 F_i、坡体内水平地震力作用 $\alpha_w k_c(W_i + Q_i)$、渗透力作用 F_{di}、坡体自重 W_i、土工布或土工格栅的抗拉作用力 T_{gi} 等荷载。

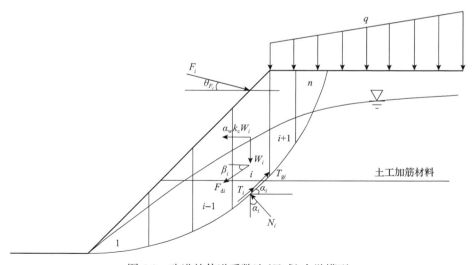

图 5.9　改进的传递系数法(显式)力学模型

传递系数法(显式)的改进算法只考虑边坡条块的各类荷载大小、方向，且

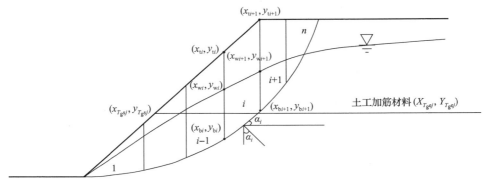

图 5.10　改进的传递系数法（显式）几何模型

荷载作用点均假定位于条块底部滑面的中心点。各类荷载大小和方向角的计算与 5.1.2 节中改进的瑞典条分法坡体荷载分析方法相同。条块划分 n 个时，坡脚前缘为第 1 条块，边坡后缘为第 n 条块，边坡下滑推力由第 n 条块向第 1 条块依次传递。

图 5.10 以第 i 条块为研究对象，将作用在第 i 条块上的各项荷载向该条块的底滑面的法向方向和切向方向分解。

（1）重力 W_i 与坡顶（脚）垂直荷载 Q_i 的分解。

底滑面法向：$N_{W_i} = (W_i + Q_i)\cos\alpha_i$

底滑面切向：$T_{W_i} = (W_i + Q_i)\sin\alpha_i$

（2）地震荷载 $\alpha_w k_c (W_i + Q_i)$ 的分解。

底滑面法向：$N_{k_{ci}} = -\alpha_w k_c (W_i + Q_i)\sin\alpha_i$

底滑面切向：$T_{k_{ci}} = \alpha_w k_c (W_i + Q_i)\cos\alpha_i$

（3）坡面荷载 F_i 的分解。

底滑面法向：$N_{F_i} = F_i \sin(\alpha_i + \theta_{F_i})$

底滑面切向：$T_{F_i} = -F_i \cos(\alpha_i + \theta_{F_i})$

（4）渗透力 F_{di} 的分解。

底滑面法向：$N_{F_{di}} = -F_{di} \sin(\alpha_i - \beta_i)$

底滑面切向：$T_{F_{di}} = F_{di} \cos(\alpha_i - \beta_i)$

针对第 i 条块，求第 i 条块底滑面上的法向合力 N_i 和切向合力 T_i，即

$$N_i = (W_i + Q_i)\cos\alpha_i - \alpha_w k_c (W_i + Q_i)\sin\alpha_i + F_i \sin(\alpha_i + \theta_{F_i}) - F_{di}\sin(\alpha_i - \beta_i)$$

(5.57)

$$T_i = \left(W_i + Q_i\right)\sin\alpha_i + \alpha_{\mathrm{w}}k_{\mathrm{c}}\left(W_i + Q_i\right)\cos\alpha_i - F_i\cos\left(\alpha_i + \theta_{F_i}\right) + F_{\mathrm{di}}\cos\left(\alpha_i - \beta_i\right) - T_{\mathrm{gi}}$$

$$(5.58)$$

第 i 条块底滑面的抗剪强度 R_i 为

$$R_i = N_i\tan\varphi_i + c_iL_i \qquad (5.59)$$

建立第 i 条块的平衡方程，即

$$F_{\mathrm{s}}T_i + P_{i+1}\cos\left(\alpha_{i+1} - \alpha_i\right) - P_i = \left[N_i + P_{i+1}\sin\left(\alpha_{i+1} - \alpha_i\right)\right]\tan\varphi_i + c_iL_i \quad (5.60)$$

化简式(5.60)，可得滑坡下滑推力的计算公式 P_i 为

$$P_i = P_{i+1}\psi_i + F_{\mathrm{s}}T_i - R_i \qquad (5.61)$$

式中，$\psi_i = \cos\left(\alpha_{i+1} - \alpha_i\right) - \sin\left(\alpha_{i+1} - \alpha_i\right)\tan\varphi_i$。

当 $P_i < 0$ 时，取 $P_i = 0$；当 $P_i\sin\alpha_i > P_i\cos\alpha_i\tan\varphi_i + c_ih_i$ 时，即出现竖向侧面上的剪应力超过抗剪强度的情况，应当适当的减小 P_i 与水平的夹角 α_i，避免条块 i 出现侧面剪切破坏的情况。

将条块 i 的抗剪强度 R_i 和剪切力 T_i 依次沿第 $i-1$、$i-2$、$\cdots$、1 等条块的底滑面切向方向传递至坡前缘第 1 条块，可得边坡稳定系数 F_{s}，即

$$F_{\mathrm{s}} = \frac{\displaystyle\sum_{i=2}^{n}\left[\left(N_i\tan\varphi_i + c_iL_i\right)\prod_{j=2}^{i}\psi_j\right] + R_1}{\displaystyle\sum_{i=2}^{n}\left(T_i\prod_{j=2}^{i}\psi_j\right) + T_1} \qquad (5.62)$$

式中，L_i 为第 i 条块的底面长度，m；N_i 为第 i 条块底滑面上的法向合力，kN/m；R_1 为条块 1 底滑面上的抗剪强度，kN/m；T_i 为第 i 条垯底滑面上的切向合力，kN/m；T_1 为第 1 条块底滑面上的剪切力，kN/m。

$$R_1 = N_1\tan\varphi_i + c_iL_i$$

式中，c_i、φ_i 为第 i 条块的底滑面抗剪强度指标。

式(5.62)在计算边坡稳定性时，充分考虑了坡顶(脚)荷载、坡面荷载以及土工合成材料的作用，为在边坡工程的稳定性设计提供了很好的理论依据。特别对于边坡前缘存在地表水时，地表水对边坡起到了一定的压脚作用，因此可以将地表水外荷载看作坡脚荷载加在边坡条块的自重 W_i 上。

5.3.3　传递系数法(隐式)的改进算法

传递系数法的隐式形式在建立平衡方程之前与显式形式相同,因此传递系数法几何模型与力学模型分析此处不再赘述。改进的传递系数法(隐式)力学模型如图5.11。针对第 i 条块,求第 i 条块底滑面上的法向合力 N_i 和切向合力 T_i。

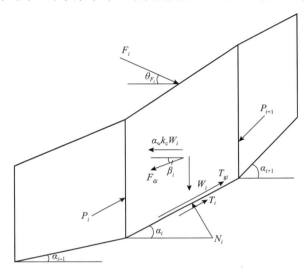

图 5.11　改进的传递系数法(隐式)力学模型

根据稳定系的定义,可知边坡稳定系数的表达式为

$$F_s = \frac{T_f}{T}$$

式中, T_f 为抗剪强度; T 为剪切力。

根据莫尔-库仑强度准则求第 i 条块底滑面的抗剪强度 R_i,即

$$R_i = N_i \tan \varphi_i + c_i L_i \tag{5.63}$$

建立第 i 条块的平衡方程,即

$$T_i + P_{i+1} \cos(\alpha_{i+1} - \alpha_i) - P_i = \frac{\left[N_i + P_{i+1} \sin(\alpha_{i+1} - \alpha_i) \right] \tan \varphi_i + c_i L_i}{F_s} \tag{5.64}$$

化简式(5.64),可得滑坡下滑推力的计算公式 P_i 为

$$P_i = P_{i+1} \psi_{i+1} + T_i - \frac{R_i}{F_s} \tag{5.65}$$

式中，

$$\psi_{i+1} = \cos(\alpha_{i+1} - \alpha_i) - \frac{\sin(\alpha_{i+1} - \alpha_i)\tan\varphi_i}{F_s}$$

　　当 $P_i<0$ 时，取 $P_i=0$；当 $P_i\sin\alpha_i>P_i\cos\alpha_i\tan\varphi_i+c_ih_i$（$h_i$ 为第 P_i 所处侧面的高度）时，即出现竖向侧面上的剪应力超过抗剪强度的情况，应当适当的减小 P_i 与水平的夹角 α_i，避免条块 i 出现侧面剪切破坏的情况。

　　式（5.65）即为传递系数法（隐式）的迭代公式，当边坡共划分为 n 个条块，假设 $P_{n+1}=0$，$\alpha_{n+1}=0$，$c_{n+1}=0$，$\varphi_{n+1}=0$，$L_{n+1}=0$，稳定系数 F_s 初始值设为 1.0，自上而下直至求得 P_1；当 $P_1>0$ 时，说明给定的稳定系数较大；当 $P_1<0$ 时，说明给定的稳定系数较小；只有 P_1 趋近于 0 时，给定的稳定系数最接近于真值。

　　传递系数法的隐式解法相对于传递系数法的显式解法，充分考虑了边坡稳定系数的定义，条块滑动面上抗剪强度与剪应力之比即 $F_s=T_f/T$，具有更明确的物理力学意义。此外在计算条块剩余推力时，避免了拉张应力出现以及条块侧面出现剪切破坏的情况，使得传递系数法的隐式解相对于传递系数法的显式解更加合理，一般情况下所求的边坡稳定系数也相对较小。

5.4　萨 尔 玛 法

　　萨尔玛法是基于极限平衡理论的边坡稳定性分析方法之一，认为滑坡或边坡只有沿着一个理想的平面或圆弧面滑动时才可能发生完整的刚体移动，否则，滑动体必须破裂成可以相对滑动的块体才能发生整体移动，即滑体滑动时不仅要克服主滑面的抗剪强度，而且还要克服滑体本身的强度[30]。边坡滑动时岩土体条块破坏机理如图 5.12 所示。

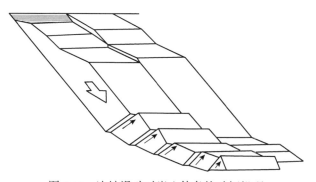

图 5.12　边坡滑动时岩土体条块破坏机理

萨尔玛法与传统的极限平衡分析法相比有许多优点，即

(1)可以处理具有复杂结构面的边坡稳定性问题，如平面滑动、圆弧滑动、非圆弧滑动、多级直线滑面的稳定性问题等。

(2)假设滑面和临空面之间的滑体分为 n 块，并不要求各条块是垂直的，可根据坡体内的各类结构面划分条块，如岩层层面、节理裂隙面、断层或断裂带等结构面均可作为条块的分割侧面，并且分割侧面可以顺延任意结构面，适应不同岩体结构的边坡。

(3)平衡方程中考虑了滑体本身的强度。

(4)平衡方程及其数值解的独立假设条件较少。

对于复杂条件的挖填方边坡可采用萨尔玛法，同时考虑边坡地震作用、地下水作用、坡面荷载等力学边界条件，区分边坡岩土介质的透水特性，改进复杂条件下边坡稳定性计算公式。

5.4.1　萨尔玛法(透水)的改进算法

对于概化为透水介质边坡，其地下水的力学效应主要为浮力作用和渗透力作用。根据随机得到的滑动面，在边坡中任取一个计算条块。条块力学模型如图 5.13 所示。条块几何模型如图 5.14 所示。力学模型中考虑了自重、地震力、动水压力(渗透力)和坡面荷载等，模型中各参数的物理含义如下。

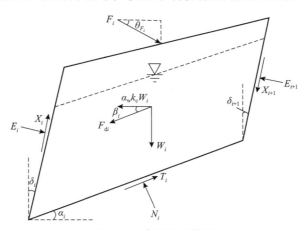

图 5.13　条块力学模型

1)力学模型中各参量的物理力学含义

E_i、E_{i+1} 为作用在第 i 条块两侧面的正压力，kN/m；

k_c 为水平地震加速度系数；

F_i 为第 i 条块坡面锚索或锚杆设计强度，及其他坡面荷载，kN/m；

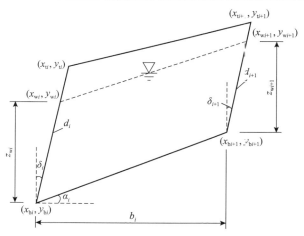

图 5.14　条块几何模型

F_{di} 为第 i 条块的动水压力，kN/m；

N_i 为作用在第 i 条块底滑面的正压力，kN/m；

T_i 为作用在第 i 条块底滑面的剪切力，kN/m；

W_i 为第 i 条块的自重，kN/m；

X_i、X_{i+1} 为作用在第 i 条块两侧面的剪切力，kN/m；

α_i 为第 i 条块底滑面与水平面的夹角，（°）；

θ_{F_i} 为第 i 条块坡面荷载与水平面的夹角，（°）；

β_i 为第 i 条块的动水压力与水平面的夹角，（°）；

δ_i、δ_{i+1} 为第 i 条块两侧面与铅直面的夹角，（°）。

2）几何模型中各参量的含义

b_i 为边坡第 i 条块底滑面在水平面上的投影的长度，m；

d_i、d_{i+1} 为边坡第 i 条块前后侧面的长度，m；

x_{ti}、y_{ti}、x_{ti+1}、y_{ti+1} 为边坡第 i 条块顶面与前后侧面交点坐标，m；

x_{wi}、y_{wi}、x_{wi+1}、y_{wi+1} 为边坡第 i 条块水位线与前后侧面交点坐标，m；

x_{bi}、y_{bi}、x_{bi+1}、y_{bi+1} 为边坡第 i 条块底滑面与前后侧面交点坐标，m；

z_{wi}、z_{wi+1} 为边坡第 i 条块前后侧面水位线与底滑面的垂直高度，m。

设边坡在地震力作用下，坡体的每一条块的稳定性均达到极限平衡状态，得到下列平衡方程：

$$\begin{cases} \sum_{i=1}^{n} F_x = 0 \\ \sum_{i=1}^{n} F_y = 0 \end{cases}$$

且条块侧面和底滑面满足莫尔-库仑强度准则

$$\begin{cases} T_i = f(N_i) \\ X_i = f(E_i) \end{cases}$$

根据条块的受力模型分析，进一步得到上述方程的展开形式，即

$$N_i \cos \alpha_i + T_i \sin \alpha_i$$
$$= W_i + X_{i+1} \cos \delta_{i+1} - X_i \cos \delta_i - E_{i+1} \sin \delta_{i+1} + E_i \sin \delta_i + F_{di} \sin \beta_i + F_i \sin \theta_{F_i}$$

$$(5.66)$$

$$T_i \cos \alpha_i - N_i \sin \alpha_i$$
$$= \alpha_{\mathrm{w}} k_{\mathrm{c}} W_i + X_{i+1} \sin \delta_{i+1} - X_i \sin \delta_i + E_{i+1} \cos \delta_{i+1} - E_i \cos \delta_i + F_{di} \cos \beta_i - F_i \cos \theta_{F_i}$$

$$(5.67)$$

$$T_i = N_i \tan \varphi_{\mathrm{b}i} + c_{\mathrm{b}i} b_i \sec \alpha_i \qquad (5.68)$$

$$X_i = E_i \tan \varphi_{si} + c_{si} d_i \qquad (5.69)$$

$$X_{i+1} = E_{i+1} \tan \varphi_{si+1} + c_{si+1} d_{i+1} \qquad (5.70)$$

求解上述方程，并设

$$e_i = \frac{\cos(\varphi_{si} - \alpha_i - \delta_i + \varphi_{\mathrm{b}i}) \sec \varphi_{si}}{\cos(\varphi_{si+1} - \alpha_i - \delta_{i+1} + \varphi_{\mathrm{b}i}) \sec \varphi_{si+1}} \qquad (5.71)$$

$$p_i = \frac{W_i \cos(\varphi_{\mathrm{b}i} - \alpha_i)}{\cos(\varphi_{si+1} - \alpha_i - \delta_{i+1} + \varphi_{\mathrm{b}i}) \sec \varphi_{si+1}} \qquad (5.72)$$

$$\begin{aligned} a_i &= \Big[W_i \sin(\varphi_{\mathrm{b}i} - \alpha_i) + R_i \cos \varphi_{\mathrm{b}i} - S_{i+1} \sin(\alpha_i + \delta_{i+1} - \varphi_{\mathrm{b}i}) + S_i \sin(\alpha_i + \delta_i - \varphi_{\mathrm{b}i}) \\ &\quad - F_{di} \cos(\varphi_{\mathrm{b}i} + \beta_i - \alpha_i) + F_i \cos(\varphi_{\mathrm{b}i} - \theta_{F_i} - \alpha_i) \Big] \\ &\quad \cdot \Big[\cos(\varphi_{si+1} - \alpha_i - \delta_{i+1} + \varphi_{\mathrm{b}i}) \sec \varphi_{si+1} \Big]^{-1} \\ &= \Big[W_i \sin(\varphi_{\mathrm{b}i} - \alpha_i) + R_i \cos \varphi_{\mathrm{b}i} + S_{i+1} \sin(\varphi_{\mathrm{b}i} - \alpha_i - \delta_{i+1}) - S_i \sin(\varphi_{\mathrm{b}i} - \alpha_i - \delta_i) \\ &\quad - F_{di} \cos(\varphi_{\mathrm{b}i} + \beta_i - \alpha_i) + F_i \cos(\varphi_{\mathrm{b}i} - \theta_{F_i} - \alpha_i) \Big] \\ &\quad \cdot \Big[\cos(\varphi_{si+1} - \alpha_i - \delta_{i+1} + \varphi_{\mathrm{b}i}) \sec \varphi_{si+1} \Big]^{-1} \end{aligned}$$

$$(5.73)$$

式中，

$$R_i = c_{\mathrm{b}i} b_i \sec \alpha_i$$

$$S_i = c_{\mathrm{s}i} d_i$$

因此，递推公式为

$$E_{i+1} = a_i - p_i \alpha_{\mathrm{w}} k_{\mathrm{c}} + e_i E_i \tag{5.74}$$

式中，α_{w} 为地震综合影响系数。

根据式(5.74)的递推关系，依次递推可得

$$
\begin{aligned}
E_{n+1} &= a_n - p_n \alpha_{\mathrm{w}} k_{\mathrm{c}} + e_n E_n \\
&= a_n - p_n \alpha_{\mathrm{w}} k_{\mathrm{c}} + e_n \left(a_{n-1} - p_{n-1} \alpha_{\mathrm{w}} k_{\mathrm{c}} + e_{n-1} E_{n-1} \right) \\
&= a_n + e_n a_{n-1} - \alpha_{\mathrm{w}} k_{\mathrm{c}} \left(p_n + e_n p_{n-1} \right) + e_n e_{n-1} E_{n-1} \\
&= a_n + e_n a_{n-1} - \alpha_{\mathrm{w}} k_{\mathrm{c}} \left(p_n + e_n p_{n-1} \right) + e_n e_{n-1} \left(a_{n-2} - p_{n-2} \alpha_{\mathrm{w}} k_{\mathrm{c}} + e_{n-2} E_{n-2} \right) \\
&= a_n + e_n a_{n-1} + e_n e_{n-1} a_{n-2} + \cdots + e_n e_{n-1} e_{n-2} \cdots e_2 a_1 \\
&\quad - \alpha_{\mathrm{w}} k_{\mathrm{c}} \left(p_n + e_n p_{n-1} + e_n e_{n-1} p_{n-2} + \cdots + e_n e_{n-1} e_{n-2} \cdots e_2 p_1 \right) + e_n e_{n-1} e_{n-2} e_{n-3} \cdots e_2 e_1 E_1
\end{aligned}
\tag{5.75}
$$

当边坡在坡脚和坡后缘无外力作用时，$E_1 = E_{n+1} = 0$，则式(5.75)可以写为

$$\alpha_{\mathrm{w}} k_{\mathrm{c}} = \frac{a_n + e_n a_{n-1} + e_n e_{n-1} a_{n-2} + \cdots + e_n e_{n-1} e_{n-2} \cdots e_2 a_1}{p_n + e_n p_{n-1} + e_n e_{n-1} p_{n-2} + \cdots + e_n e_{n-1} e_{n-2} \cdots e_2 p_1} \tag{5.76}$$

式(5.76)显然与萨尔玛法公式相同，但应注意系数 α_i 值不同。当边坡在坡脚和坡的后缘存在受力作用时，迭代公式为

$$\alpha_{\mathrm{w}} k_{\mathrm{c}} = \frac{\left(a_n + e_n a_{n-1} + e_n e_{n-1} a_{n-2} + \cdots + e_n e_{n-1} e_{n-2} \cdots e_2 a_1 \right) + e_n e_{n-1} e_{n-2} \cdots e_2 e_1 E_1 - E_{n+1}}{p_n + e_n p_{n-1} + e_n e_{n-1} p_{n-2} + \cdots + e_n e_{n-1} e_{n-2} \cdots e_2 p_1} \tag{5.77}$$

当在坡顶(脚)存在面荷载 Q_i 时，将式(5.72)和式(5.73)中的 W_i 加上 Q_i。

5.4.2　萨尔玛法(不透水)的改进算法

不同于透水介质边坡，概化为不透水介质边坡的地下水的力学效应主要表现为静水压力作用。静水压力不仅存在于条块的侧面，而且存在于条块的底部和条块的顶部。在条块的不同位置，静水压力的计算公式也是不一样的。

1) 条块侧面静水压力的计算

条块侧面的静水压力的计算有三种情况：整个条块侧面全部位于地下水位

以下、条块侧面部分位于地下水位以下、整个条块侧面全部位于地下水位的上部。当整个条块侧面全部位于地下水位以上时，条块无静水压力作用。因此需要考虑条块侧面全部位于地下水位以下或侧面部分位于地下水位以下两种情况。条块侧面全部位于地下水位以下的情况如图 5.15 所示左侧面。条块侧面部分位于地下水位以下的情况如图 5.16 所示。

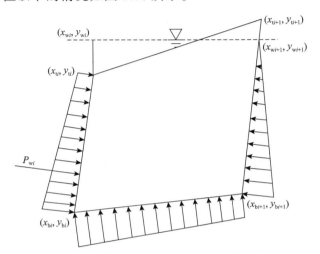

图 5.15　条块侧面全部位于地下水位以下的情况

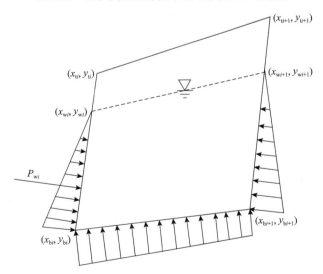

图 5.16　条块侧面部分位于地下水位以下的情况

条块侧面静水压力计算公式为

$$P_{wi} = \begin{cases} \dfrac{1}{2}\gamma_w\left(2y_{wi} - y_{ti} - y_{bi}\right)\left(y_{ti} - y_{bi}\right)\sec\delta_i, & \text{全部浸水} \\ \dfrac{1}{2}\gamma_w\left(y_{wi} - y_{bi}\right)^2 \sec\delta_i, & \text{部分浸水} \end{cases} \tag{5.78}$$

2) 条块底滑面静水压力的计算

条块底滑面的静水压力的计算有三种情况：整个条块底滑面全部位于地下水位以下、条块底滑面部分位于地下水位以下、整个条块底滑面全部位于地下水位以上。因此，只需要考虑条块底滑面全部位于地下水位以下或部分位于地下水位以下两种情况。条块底滑面全部位于水位以下的情况如图 5.17 所示。条块底滑面部分位于水位以下的情况如图 5.18 所示。

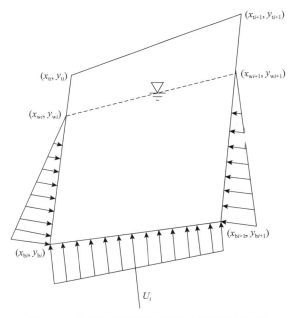

图 5.17　条块底滑面全部位于水位以下的情况

图 5.18 中 B 为水位线与第 i 条块底面的交点。条块底滑面静水压力计算公式为

$$U_i = \begin{cases} \dfrac{\left(y_{wi} - y_{bi} + y_{wi+1} - y_{bi+1}\right)b_i\gamma_w}{2\cos\alpha_i}, & \text{全部浸水} \\ \dfrac{\left(y_{wi} - y_{bi}\right)\left(x_B - x_{bi}\right)\gamma_w}{2\cos\alpha_i}, & \text{部分浸水} \end{cases} \tag{5.79}$$

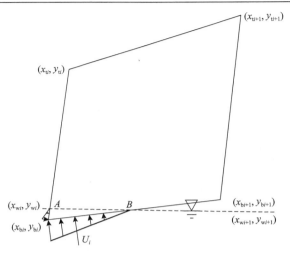

图 5.18　条块底滑面部分位于水位以下的情况

3）条块顶面静水压力的计算

当边坡所处位置存在地表水时，除了计算条块侧面和底滑面的静水压力，还需要对条块顶部进行静水压力的计算。条块顶面静水压力的计算也有三种情况：整个条块顶面在地下水位以下、部分条块顶面在地下水位以下、整个条块顶面全部在地下水位以上。因此只需要考虑条块顶部全部位于地下水位以下或部分位于地下水位以下两种情况。条块顶面全部位于水位以下的情况如图 5.19 所示。条块顶面部分位于水位以下的情况如图 5.20 所示。

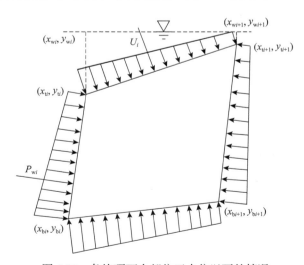

图 5.19　条块顶面全部位于水位以下的情况

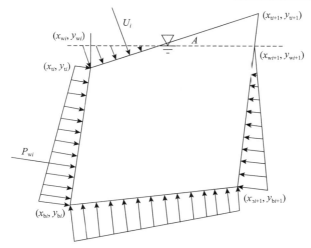

图 5.20　条块顶面部分位于水位以下的情况

图 5.20 中 A 为水位线与第 i 条块顶面的交点。条块顶面静水压力计算公式为

$$U_i = \begin{cases} \dfrac{(y_{\text{w}i} - y_{\text{t}i} + y_{\text{w}i+1} - y_{\text{t}i+1})b_i\gamma_{\text{w}}}{2\cos\eta_i}, & \text{全部浸水} \\[4mm] \dfrac{(y_{\text{w}i} - y_{\text{t}i})(x_A - x_{\text{t}i})\gamma_{\text{w}}}{2\cos\eta_i}, & \text{部分浸水} \end{cases} \tag{5.80}$$

式中，η_i 为第 i 条块顶面与水平面的夹角。

$$\eta_i = \arctan\left(\frac{y_{\text{t}i+1} - y_{\text{t}i}}{x_{\text{t}i+1} - x_{\text{t}i}}\right)$$

根据随机得到的滑动面，在边坡中任取一个计算条块。图 5.21 为稳定性分析力学模型。图 5.22 为稳定性分析几何模型。力学模型中考虑了自重、地震力、静水压力和坡面荷载等。

根据极限平衡理论，分别建立第 i 条块垂直与水平向的平衡方程，并使底滑面和侧面满足莫尔-库仑强度准则，可得

$$\begin{aligned} N_i\cos\alpha_i + T_i\sin\alpha_i \\ = W_i + X_{i+1}\cos\delta_{i+1} - X_i\cos\delta_i - E_{i+1}\sin\delta_{i+1} + E_i\sin\delta_i + F_i\sin\theta_{F_i} \end{aligned} \tag{5.81}$$

$$\begin{aligned} T_i\cos\alpha_i - N_i\sin\alpha_i \\ = \alpha_{\text{w}}k_{\text{c}}W_i + X_{i+1}\sin\delta_{i+1} - X_i\sin\delta_i + E_{i+1}\cos\delta_{i+1} - E_i\cos\delta_i - F_i\cos\theta_{F_i} \end{aligned} \tag{5.82}$$

$$T_i = \left(N_i - U_i\right)\tan\varphi_{\mathrm{b}i} + c_{\mathrm{b}i}b_i\sec\alpha_i \tag{5.83}$$

$$X_i = \left(E_i - P_{\mathrm{w}i}\right)\tan\varphi_{\mathrm{s}i} + c_{\mathrm{s}i}d_i \tag{5.84}$$

$$X_{i+1} = \left(E_{i+1} - P_{\mathrm{w}i+1}\right)\tan\varphi_{\mathrm{s}i+1} + c_{\mathrm{s}i+1}d_{i+1} \tag{5.85}$$

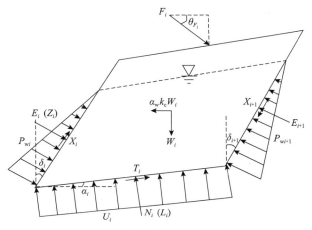

图 5.21　稳定性分析力学模型

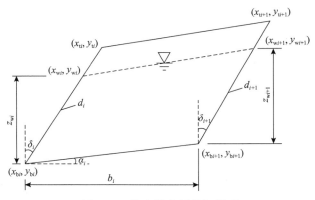

图 5.22　稳定性分析几何模型

设

$$e_i = \frac{\cos\left(\varphi_{\mathrm{s}i} - \alpha_i - \delta_i + \varphi_{\mathrm{b}i}\right)\sec\varphi_{\mathrm{s}i}}{\cos\left(\varphi_{\mathrm{s}i+1} - \alpha_i - \delta_{i+1} + \varphi_{\mathrm{b}i}\right)\sec\varphi_{\mathrm{s}i+1}} \tag{5.86}$$

$$p_i = \frac{W_i\cos\left(\varphi_{\mathrm{b}i} - \alpha_i\right)}{\cos\left(\varphi_{\mathrm{s}i+1} - \alpha_i - \delta_{i+1} + \varphi_{\mathrm{b}i}\right)\sec\varphi_{\mathrm{s}i+1}} \tag{5.87}$$

$$a_i = \left[W_i \sin\left(\varphi_{bi} - \alpha_i\right) + R_i \cos\varphi_{bi} + S_{i+1} \sin\left(\varphi_{bi} - \alpha_i - \delta_{i+1}\right) - S_i \sin\left(\varphi_{bi} - \alpha_i - \delta_i\right) \right.$$
$$\left. + F_i \cos\left(\varphi_{bi} - \theta_{F_i} - \alpha_i\right) \right] \cdot \left[\cos\left(\varphi_{si+1} - \alpha_i - \delta_{i+1} + \varphi_{bi}\right) \sec\varphi_{si+1} \right]^{-1}$$

$$(5.88)$$

式中，

$$b_i = x_{bi+1} - x_{bi}$$

$$d_i = \left[\left(x_{ti} - x_{bi}\right)^2 + \left(y_{ti} - y_{bi}\right)^2 \right]^{\frac{1}{2}}$$

$$R_i = c_{bi} b_i \sec\alpha_i - U_i \tan\varphi_{bi}$$

$$S_i = c_{si} d_i - P_{wi} \tan\varphi_{si}$$

联立式(5.81)～式(5.88)，可得递推公式为

$$\begin{aligned} E_{n+1} &= a_n - p_n \alpha_w k_c + e_n E_n \\ &= a_n + e_n a_{n-1} + e_n e_{n-1} e_{n-2} + \cdots + e_n e_{n-1} e_{n-2} \cdots e_2 a_1 \\ &\quad - \alpha_w k_c \left(p_n + e_n p_{n-1} + e_n e_{n-1} p_{n-2} + \cdots + e_n e_{n-1} e_{n-2} \cdots e_2 p_1 \right) \\ &\quad + e_n e_{n-1} e_{n-2} \cdots e_2 e_1 E_1 \end{aligned}$$

$$(5.89)$$

当边坡前缘和后缘无作用力时，$E_1 = E_{n+1} = 0$。由式(5.89)可得

$$\alpha_w k_c = \frac{a_n + e_n a_{n-1} + e_n e_{n-1} e_{n-2} + \cdots + e_n e_{n-1} e_{n-2} \cdots e_2 a_1}{p_n + e_n p_{n-1} + e_n e_{n-1} p_{n-2} + \cdots + e_n e_{n-1} e_{n-2} \cdots e_2 p_1}$$

$$(5.90)$$

当边坡在坡脚和坡的后缘存在受力作用时，迭代公式为

$$\alpha_w k_c = \frac{\left(a_n + e_n a_{n-1} + e_n e_{n-1} a_{n-2} + \cdots + e_n e_{n-1} e_{n-2} \cdots e_2 a_1\right) + e_n e_{n-1} e_{n-2} \cdots e_2 e_1 E_1 - E_{n+1}}{p_n + e_n p_{n-1} + e_n e_{n-1} p_{n-2} + \cdots + e_n e_{n-1} e_{n-2} \cdots e_2 p_1}$$

$$(5.91)$$

当在坡顶(脚)存在面荷载 Q_i 时，将式(5.81)、式(5.82)中的 W_i 加上 Q_i。

萨尔玛法(透水)计算模型不同于萨尔玛法(不透水)计算模型，主要体现在地下水的力学作用和适用范围两个方面。

(1)萨尔玛法(透水)计算模型在考虑地下水作用时，充分考虑了地下水的渗透力作用和浮力的作用；而萨尔玛法(不透水)计算模型只考虑地下水的静水压力的作用。

(2)萨尔玛法(透水)计算模型完全满足工程中松散介质边坡的稳定性评价和加固设计的要求,如建筑边坡、路基边坡、堤防边坡、透水介质基坑、土质公路边坡等;而萨尔玛法(不透水)计算模型主要适用于不透水的岩土体边坡,主要为岩质边坡,以及不透水介质基坑等。

第6章　确定最危险滑动面的单纯形-有限随机追踪法

6.1　边坡滑动面概化模型

由于边坡地形地貌、地质条件、力学边界条件复杂，建筑挖填方边坡的滑动面类型是多种多样的。有的滑动面为圆弧形，有的滑动面为折线形，有的滑动面为组合滑动面。对于多级边坡来说，边坡潜在滑动面有时不止一条。根据第4章边坡滑动面的划分类型，以及边坡的滑动面的形态和位置，将边坡的滑动面归纳为两种概化模型，即边坡固有结构滑动面概化模型、边坡潜在滑动面概化模型。

1. 边坡固有结构滑动面概化模型

边坡固有结构滑动面是指边坡内部存在的各类结构面。通常边坡中的固有结构面强度较低，易成为边坡的危险滑动面。按照边坡结构面贯通情况和所处边坡位置不同，将边坡固有结构滑动面类型分为三种：贯通型结构滑动面、前置型结构滑动面和后置型结构滑动面。

其中贯通型结构滑动面类型，主要有古滑动面(带)、古风化壳、软弱夹层、老土与新填土分界面、断层破碎带和贯通的裂隙等。

边坡体内部存在较明显的部分软弱结构面，将直接影响边坡滑动面的形状，边坡极易沿着软弱结构面滑动。此时不能再用单一的圆弧滑动面进行表示，需要构造滑动面的组合模型，一部分滑动面为光滑的曲线，其不受外界因素的影响，可以随机得到；另一部分模拟软弱结构面几何形态，其直接控制着整体滑动面的形态。根据软弱结构面所处边坡的位置，又分为前置型结构滑动面和后置型结构滑动面。

前置型结构滑动面类型的主要形成原因是在边坡前缘存在软弱夹层或新老土层分界面。在原状基岩面倾斜角度较大，或填方之前原有斜坡的风化岩土体未清除，并且未做阶梯处理，造成边坡填土与原有斜坡接触存在虚空现象，边坡可能沿新老土层分界面产生整体失稳或沿分界面的某一点滑出，形成复合滑动面。在填方基底前缘存在软弱夹层时，由于软弱夹层的抗剪强度低，边坡在自重或者外界荷载的作用下可能产生沿软弱夹层的滑动或沿软弱夹层的某一点滑出，形成复合滑动面。前置型结构滑动面示意图如图 6.1 所示。

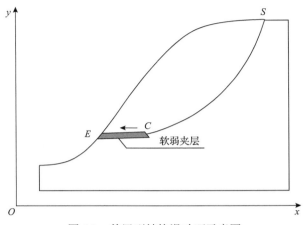

图 6.1　前置型结构滑动面示意图

后置型结构滑动面类型的破坏形式较为多见，产生这种滑动面的主要原因是坡体后缘存在拉裂缝或者断裂带，这种地质结构面对边坡的稳定性起着控制作用。特别是当有裂隙水存在时，将加大边坡的不稳定性。一旦边坡稳定性突破极限状态，坡体必定沿此结构面失稳。后置型结构滑动面示意图如图 6.2 所示。

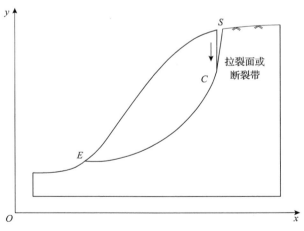

图 6.2　后置型结构滑动面示意图

2. 边坡潜在滑动面概化模型

对于边坡体内没有明显主控结构面，且可概化为连续介质的边坡，其最可能出现失稳现象的滑动面称为该边坡的潜在滑动面。本书将潜在滑动面概化为圆弧滑动面。圆弧形态的潜在滑动面示意图如图 6.3 所示。

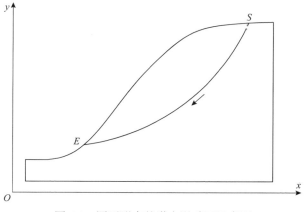

图 6.3　圆弧形态的潜在滑动面示意图

虽然将前置型结构滑动面和后置型结构滑动面归结为固有结构滑动面类型，但是其滑动面的位置并没有完全确定。这两种滑动面类型只是分别确定了边坡剪出口和剪入口的位置，图 6.1 中前置型结构滑动面的剪出口的位置为 E 点，剪入口的位置 S 点未知；图 6.2 中后置型结构滑动面的剪入口的位置为 S 点，剪出口 E 点的位置未知。因此也可以称前置型和后置型结构滑动面为半固有结构滑动面类型或复合滑动面。

6.2　边坡几何图形的识别与分析

在实际工程中除了单级边坡，还有多级边坡即多阶梯边坡。多阶梯边坡主要是在边坡形成过程中，对边坡采取分级放坡或分台阶回填出现的。对于这种边坡，计算时确定其潜在滑动面的位置较为困难，通常将边坡的剪入口和剪出口搜索范围映射在 $(0,1)$ 区间上，即将坡面线的全局作为边坡的剪入口和剪出口的搜索范围。由此，最后只能得到一条边坡稳定系数最小的圆弧滑动面，容易陷入局部极小值。边坡稳定系数陷入局部极小值如图 6.4 中阴影部分所示。最终无法确定边坡潜在滑动面 SE 的位置，也无法获得边坡的最小稳定系数。

为了避免出现极小值的情况，本书采用单纯形-有限随机追踪法确定边坡的潜在滑动面。首先将边坡的几何模型离散为多个节点或线段，假设边坡所处地层复杂，坡体为非均质岩土体，由多个不同的地层区域组成。边坡几何模型离散示意图如图 6.5 所示。该边坡是由 3 个不同岩性的地层区域组成，分别为第 Ⅰ 地层区域、第 Ⅱ 地层区域和第 Ⅲ 地层区域。第 Ⅰ 地层区域由四个控制点（7、

6、9、8 逆时针顺序，下同)组成的三条边界线和一条地层分界线构成，第 Ⅱ 地层区域由七个控制点(6、5、4、3、2、10、9)组成的五条边界线和两条地层分界线构成，第 Ⅲ 地层区域由五个控制点(2、1、12、11、10)组成的四条边界线和一条地层分界线构成。

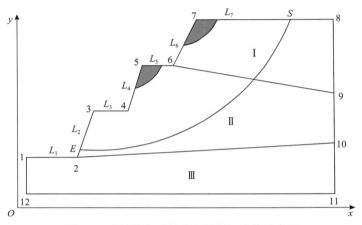

图 6.4　边坡稳定系数陷入局部极小值示意图

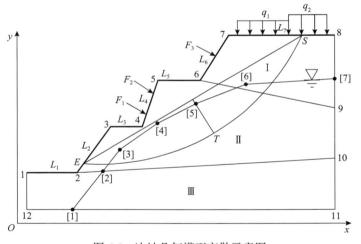

图 6.5　边坡几何模型离散示意图

边坡坡面线形状具有不规则性，采用曲线拟合的方式会出现与现实不符的情况，例如在坡顶与临空面的交界处，可能出现的局部极小值就会被忽略。同时为了便于程序的设计，将边坡坡面线进行离散化处理，将边坡坡面线数据离散为八个控制点(1~8)组成的七条线段(L_1~L_7)。同样坡体内部的地下水位线也采取同样的策略，地下水位线离散为七个控制点([1]~[7])组成的六条线段，如图 6.5 所示。

图 6.5 中，q_1、q_2 为作用在坡顶上的面力，面力三要由坡顶堆积荷载、建筑物或构筑物产生；F_1、F_2 和 F_3 为作用在边坡临空面的集中力，集中力主要由锚杆或者锚索加固产生。

6.3　有限随机追踪法

在第 6.2 节中已经阐述了边坡的坡面线采用离散为多个控制点组成的多线段进行表示，因此，可以将剪入口和剪出口的搜索范围进行分段处理。如图 6.5 所示，对于 3 级边坡坡面线共有 7 条线段（$L_1 \sim L_7$），假如剪入口的位置位于线段 L_7 上，那么剪出口的位置可以位于线段 $L_1 \sim L_6$ 的任意位置，逐一搜索可以确定 6 个局部极小值。根据排列组合，可以确定 21 个局部极小值。

假设边坡的潜在滑动面为圆弧滑动面，边坡潜在滑动面的构建过程相对较简单，同时也便于程序的计算。圆弧可以由圆上的三点确定。假定边坡滑动面的剪入口的搜索范围在线段 L_7 上，剪出口的搜索范围在线段 L_2 上，假若确定了圆弧上另外一点 T 的位置，那么就可以得到圆弧 STE 的函数解析式 $y=f(x)$，也就得到了圆心和半径的表达式。

设圆弧上三点坐标分别为 $S(x_S, y_S)$、$T(x_T, y_T)$ 和 $E(x_E, y_E)$，那么圆弧滑动面的行列式表达式为

$$\begin{vmatrix} x^2 + y^2 & x & y & 1 \\ x_S^2 + y_S^2 & x_S & y_S & 1 \\ x_E^2 + y_E^2 & x_E & y_E & 1 \\ x_T^2 + y_T^2 & x_T & y_T & 1 \end{vmatrix} = 0 \tag{6.1}$$

解析表达式为

$$y = \frac{c}{2a} + \sqrt{-x^2 + \frac{b}{a}x + \frac{c^2}{4a^2} + \frac{d}{a}}, \quad x_E \leqslant x \leqslant x_S \tag{6.2}$$

式中，

$$a = x_S x_T + y_S x_E + x_T y_E - x_E y_T - y_S x_T - x_S y_E \tag{6.3}$$

$$b = \left(x_S^2 + y_S^2\right)\left(y_T - y_E\right) + \left(x_T^2 + y_T^2\right)\left(y_E - y_S\right) + \left(x_E^2 + y_E^2\right)\left(y_S - y_T\right) \tag{6.4}$$

$$c = \left(x_S^2 + y_S^2\right)\left(x_E - x_T\right) + \left(x_T^2 + y_T^2\right)\left(x_S - x_E\right) + \left(x_E^2 + y_E^2\right)\left(x_T - x_S\right) \tag{6.5}$$

$$d = \left(x_S^2 + y_S^2\right)\left(x_T y_E - x_E y_T\right) + \left(x_T^2 + y_T^2\right)\left(x_E y_S - x_S y_E\right) + \left(x_E^2 + y_E^2\right)\left(x_S y_T - x_T y_S\right) \tag{6.6}$$

滑动面滑弧中点取值范围示意图如图 6.6 所示。圆弧滑动面的圆心为 C，其坐标为 $C(x_C, y_C)$，半径为 R，该圆弧的圆心及半径表达式为

$$\begin{cases} x_C = \dfrac{e}{g} \\[2mm] y_C = \dfrac{f}{g} \\[2mm] R = \sqrt{\left(x_S - x_C\right)^2 + \left(y_S - y_C\right)^2} \end{cases} \tag{6.7}$$

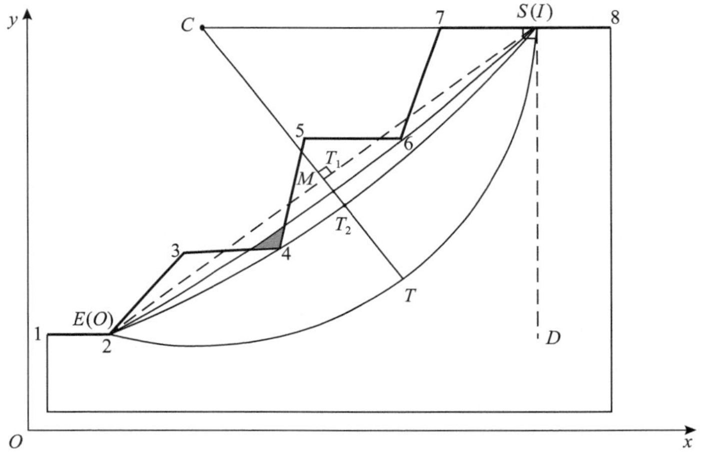

图 6.6 滑动面滑弧中点取值范围示意图

式中，

$$e = 2\left(y_E - y_S\right)\left[\left(x_T^2 + y_T^2\right) - \left(x_S^2 + y_S^2\right)\right] - 2\left(y_T - y_S\right)\left[\left(x_E^2 + y_E^2\right) - \left(x_S^2 + y_S^2\right)\right] \tag{6.8}$$

$$f = 2\left(x_T - x_S\right)\left[\left(x_E^2 + y_E^2\right) - \left(x_S^2 + y_S^2\right)\right] - 2\left(x_E - x_S\right)\left[\left(x_T^2 + y_T^2\right) - \left(x_S^2 + y_S^2\right)\right] \tag{6.9}$$

$$g = 4\left[\left(x_T - x_S\right)\left(y_E - y_S\right) - \left(x_E - x_S\right)\left(y_T - y_S\right)\right] \tag{6.10}$$

影响边坡潜在滑动面的因素除了滑动面的剪入口 $S(x_S, y_S)$ 点和剪出口

$E(x_E, y_E)$ 点的位置，还有滑动面的曲率。影响曲率的直接因素是圆弧的弦高 MT 的长度，即 $T(x_T, y_T)$ 点的位置。已知圆弧上三个点的坐标就可以确定圆弧的方程，并且三点都随机产生，其中，S、E 的搜索范围在坡面线上，T 的搜索范围需要计算确定。T 点沿 x 轴方向搜索范围的最大值可以按下述方式确定。

如图 6.6 所示，可以确定剪入口 S 和剪出口 E 连线的中点坐标 $M(x_M, y_M)$，T_{max} 点必在圆心 C 和点 M 的连接的径线上，并且圆弧 STE 必定与垂线 SD 相切，切点为 S。径线 MT 的方程式为

$$y = K_J\left(x - x_M\right) + y_M \tag{6.11}$$

式中，

$$K_J = \frac{x_S - x_E}{y_E - y_S}$$

当 T 点沿 x 轴方向达到最大值时，圆弧 STE 对应的圆心坐标 $C(x_C, y_C)$ 为

$$\begin{cases} x_C = x_M + \dfrac{y_S - y_M}{K_J} \\ y_C = y_S \end{cases} \tag{6.12}$$

圆弧方程为

$$y = y_C - \sqrt{\left(x_S - x_C\right)^2 - \left(x - x_C\right)^2} \tag{6.13}$$

联立式 (6.11) 和式 (6.13)，可以得到 T_{max} 的坐标，即

$$x_{T_{max}} = A_4 - \sqrt{A_3} \tag{6.14}$$

$$y_{T_{max}} = y_C - \sqrt{\left(x_S - x_C\right)^2 - \left(x_{T_{max}} - x_C\right)^2} \tag{6.15}$$

式中，

$$A_4 = \frac{A_1 K_J + x_C}{K_J^2 - 1}$$

$$A_3 = \frac{A_2^2 - x_C^2 - A_1^2}{K_J^2 - 1} + \left(\frac{A_1 K_J + x_C}{K_J^2 - 1}\right)^2$$

$$A_2 = \left(x_S - x_C\right)^2$$

$$A_1 = y_C + K_J x_M - y_M$$

至此，得到了 T 点在 x 方向上搜索的最大点 $T_{\max}$ 的横坐标 $x_{T_{\max}}$ 值。T 点在 x 轴方向上的搜索范围的最小值可以用下面的方法确定：通常，圆弧滑动面不可能出现上凸的情况。曲率为零是出现上凸的边界条件，即 T 点与 M 点重合，此时对应的 x_T 值为 T 点在 x 方向上搜索范围的最小值。

当求出 $x_{T_{\min}}$、$x_{T_{\max}}$ 后，T 点的搜索范围确定，T 点可以在其搜索范围内随机产生，进而由 S、T、E 三点确定一个圆弧滑动面。

对多台阶边坡，有时候会出现不合理的圆弧，造成圆弧越界，如图 6.6 中的阴影部分所示。对于这种情况需要重新设定 T 在 x 轴方向上搜索范围的最小值，其具体方法如下：

（1）首先，需要判断 (x_E, x_S) 范围内每一个边坡坡面线控制点是否在弦线的上方。如果 (x_E, x_S) 范围内所有坡面线控制点均在弦线的上方，则 T 在 x 轴方向上搜索范围的最小值为 $x_{T_{\min}}=x_M$。如果有一个控制点在弦线的下方，则以该控制点与剪入口 S 点和剪出口 E 点三点确定圆弧，并确定该圆弧中点 T 的坐标。

（2）然后，判断其他点是否在该圆弧的下方，如果在圆弧的下方则以该控制点与剪入口 S 点和剪出口 E 点三点确定圆弧，并确定该圆弧中点 T 的坐标，直到确定坡面线控制点均在生成的新圆弧的上方为止，就最终确定了 T 在 x 轴方向上搜索范围的最小值 $x_{T_{\min}}$。至此 x_T 的搜索范围 $(x_{T_{\min}}, x_{T_{\max}})$ 已经确定。

边坡的圆弧滑动面可以由三个点确定，本章已经确定了圆弧滑动面 S、T、E 三点的搜索范围，因此任意圆弧滑动面的解析式可以用这三点表示，即

$$y = f(S,T,E) = f(x_S, y_S, x_T, y_T, x_E, y_E) \tag{6.16}$$

这三点的坐标都是在各自的搜索范围内随机生成的，例如剪入口 S 点的范围为 (x_7, x_8)，剪出口 E 点的搜索范围为 (x_2, x_3)，根据剪入口和剪出口确定了 T 点的搜索范围 $(x_{T_{\min}}, x_{T_{\max}})$。利用软件自带的 $rand$ 函数生成一组三个 $(0,1)$ 的随机数 R_1、R_2、R_3，生成的三个点的坐标可以表示为

剪入口 S 点的坐标：
$$\begin{cases} x_S = x_7 + R_1(x_8 - x_7) \\ y_S = \dfrac{y_8 - y_7}{x_8 - x_7}(x_S - x_7) + y_7 \end{cases} \tag{6.17}$$

剪出口 E 点的坐标：
$$\begin{cases} x_E = x_2 + R_2(x_3 - x_2) \\ y_E = \dfrac{y_3 - y_2}{x_3 - x_2}(x_E - x_2) + y_2 \end{cases} \tag{6.18}$$

$$T \text{点的坐标:} \begin{cases} x_T = x_{T_{\min}} + R_3 \left(x_{T_{\max}} - x_{T_{\min}} \right) \\ y_T = K_J \left(x_T - x_M \right) + y_M \end{cases} \qquad (6.19)$$

取 n 组的随机数，这样可以随机生成 n 条圆弧滑动面，采用瑞典条分法等方法计算各圆弧滑动面的稳定系数，从中确定出相应的稳定系数极小值点，然后变换剪入口和剪出口的搜索范围，确定其他区域的稳定系数极小值，最终找出全部区域的稳定系数极小值。

本方法针对挖填方边坡特点，提出改进的滑动面搜索变量选取方式，通过剪入口、剪出口和弧高控制滑动面位置，搜索变量取值范围不再需要经验假定。

有限随机追踪法是一个随机搜索过程，受搜索次数的影响，因此只要给出一定的随机搜索次数就可以得到全局最优解的近似解，经过试验研究证明，随机次数适宜给定 1000 次左右。当给定搜索次数太少时，会造成最终的计算结果和真实值相差较大，当给定搜索次数太多时，会耗费较多的计算时间，造成时间的浪费。虽然有限随机追踪法可以得到边坡稳定系数的极小值，但是其计算结果与真正的全局极小值还是有一定的差距。因此必须对计算结果进行优化，最终得到真正意义上的全局极小值。本书选择的优化方法为单纯形优化算法。

6.4　单纯形优化算法

单纯形优化算法为一种求解线性规划问题的通用方法，广泛应用在各个领域[31-33]。本节将单纯形优化算法应用在边坡潜在滑动面的寻优问题上，以使求解的问题具有较好的时效性和求解结果的精确性。

如图 6.7 所示，假设利用瑞典条分法求得的潜在滑动面圆弧 STE，其对应的剪入口在节点 7 至节点 8 之间，即在区间 (x_7, x_8) 内，剪出口在节点 2 至节点 3 之间，即在区间 (x_2, x_3) 内。该圆弧为随机搜索过程中选取对应的稳定系数最小值得到的，因此得到的稳定系数可能并不是该搜索范围内的全局极小值，但是全局极小值对应的圆弧应在该圆弧附近，假设图 6.7 中的圆弧 $S'T'E'$。

潜在滑动面的产生是由三个随机变量控制的，分别为剪入口 S 点、剪出口 E 点和圆弧的中点 T，因此相应的目标函数为

$$Z_{\min} = \min F(S, T, E) \qquad (6.20)$$

三个随机变量 S、T、E 的位置是由各点坐标的 x 值确定的，因此目标函数

又可以表示为

$$Z_{\min} = \min F\left(x_S, x_T, x_E\right) \tag{6.21}$$

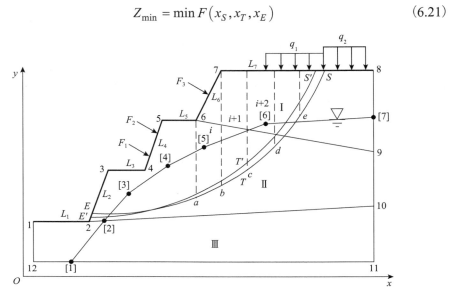

图 6.7　边坡潜在滑动面优化示意图

6.4.1　单纯形优化算法基本原理

　　单纯形优化算法是通过构建工程实例的几何模型，计算几何模型各顶点坐标的目标函数值并进行比较，然后不断移动几何模型顶点的位置改变几何模型的形状，计算新顶点的目标函数值，以较小的目标函数值对应的顶点代替移动之前的顶点，最终找到相应极小值点的优化方法。

　　单纯形优化算法基于线性规划基本理论，适于解决线性规划标准形问题，因此可以对高维问题进行求优，并且有较高的计算效率。单纯形优化算法是从可行域中某一顶点开始，判断此顶点是否是最优解，否则再找另一个使得其目标函数值更优的顶点，称之为迭代，再判断此点是否是最优解，直到找到一个顶点为其最优解。为了保证迭代过程的收敛性，其本质过程为构建新的单纯形。

　　现以寻找二元函数的极小值点为例说明该优化算法的基本原理。设二元函数的目标函数 $f(Z) = \min f(x, y)$，目标函数在可行域内的初始基 $Z_1 = (x_1, y_1)$。移动初始基的坐标，形成两个新的坐标点 $Z_2 = (x_2, y_2)$ 和 $Z_3 = (x_3, y_3)$，并且三个坐标点不在一条直线上。这样三个点构成一个单纯形，可以看出二维问题单纯形的几何模型为三角形，如图 6.8 中 $\triangle Z_1 Z_2 Z_3$ 所示。假设 $\triangle Z_1 Z_2 Z_3$ 三个顶点对应的目标函数值有如下关系：

$$f(Z_1) > f(Z_2) > f(Z_3)$$

即 Z_1 为最差点，Z_2 为次差点，Z_3 为最优点。为了得到目标函数的极小值点，一般情况下认为该点在最差点的反对称方向上。

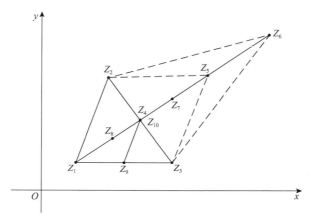

图 6.8　二维变量单纯形优化算法搜索过程示意图

取 Z_2Z_3 的中点 Z_4，在 Z_1Z_4 连线方向的延长线取 Z_5，使 $Z_5 = Z_4 + (Z_4 - Z_1)$。Z_5 称为 Z_1 关于 Z_4 的反射点。计算出 Z_5 的目标函数值 $f(Z_5)$，可能出现以下几种情况：

1) $f(Z_5) < f(Z_3)$

当 $f(Z_5) < f(Z_3)$ 时，说明得到的反射点的目标函数值比最优点还要小，这种情况说明假设的搜索方向正确，可以沿着该搜索方向进一步扩大效果，这样可以减少迭代的步骤，提高程序的时效性。这时可以取

$$Z_6 = Z_4 + \alpha(Z_4 - Z_1)$$

式中，α 为扩张因子，取值范围为 $\alpha \in (1.2, 2)$。

计算 Z_6 的目标函数值，当 $f(Z_6) < f(Z_5)$ 时，说明扩张有利，以 Z_6 代替 Z_1 构成新的单纯形 $\{Z_2, Z_3, Z_6\}$；当 $f(Z_6) > f(Z_5)$ 时，说明进一步扩张没有效果，以 Z_5 代替 Z_1 构成新的单纯形 $\{Z_2, Z_3, Z_5\}$。

2) $f(Z_3) < f(Z_5) < f(Z_2)$

当 $f(Z_3) < f(Z_5) < f(Z_2)$ 时，说明搜索方向正确，但是没有必要再进一步扩张，直接以 Z_5 代替 Z_1 构成新的单纯形 $\{Z_2, Z_3, Z_5\}$。

3) $f(Z_2) < f(Z_5) < f(Z_1)$

当 $f(Z_2) < f(Z_5) < f(Z_1)$ 时，说明得到的反射点走得太远，需要对其进行压

缩处理，取

$$Z_7 = Z_4 + \beta(Z_5 - Z_4)$$

式中，β 为压缩因子，常取为 0.5，以 Z_7 代替 Z_1 构成新的单纯形 $\{Z_2, Z_3, Z_7\}$。

4) $f(Z_5) > f(Z_1)$

当 $f(Z_5) > f(Z_1)$ 时，说明得到的反射点的目标函数值比最差点的目标函数值还要大，因此需要在搜索方向上做进一步压缩处理，取

$$Z_8 = Z_4 - \beta(Z_4 - Z_1)$$

计算 Z_8 的目标函数值 $f(Z_8)$，当 $f(Z_8) < f(Z_1)$ 时，以 Z_8 代替 Z_1 构成新的单纯形 $\{Z_2, Z_3, Z_8\}$；当 $f(Z_8) > f(Z_1)$ 时，认为该搜索方向上所有点的目标函数值都比最差点的目标函数值还要大，没有必要在该搜索方向上继续寻找极小值点。此时必须对单纯形 $\{Z_1, Z_2, Z_3\}$ 进行压边处理，压边过程是以最优点为中心，其他各点移动至其与最优点的中点位置，即

$$Z_9 = Z_1 + \frac{1}{2}(Z_3 - Z_1)$$

$$Z_{10} = Z_2 + \frac{1}{2}(Z_3 - Z_2)$$

这样以 Z_9 代替 Z_1，以 Z_{10} 代替 Z_2 构成新的单纯形 $\{Z_9, Z_{10}, Z_3\}$，以此单纯形为基础再进行寻优。

针对于上面各种情况，都能形成新的单纯形，如此不断循环，直至满足工程的收敛准则。此处以二维函数为例说明了单纯形算法的优化过程，针对于 n 维问题，只是计算工作量较大，但是原理和上述二维情况相同。

6.4.2　单纯形优化算法迭代过程

1. 建立初始单纯形

圆弧滑动面是由三个变量控制的，利用单纯形优化算法对潜在滑动面进行优化，可将目标函数看作为三维变量。

根据有限随机追踪法，确定了在搜索范围内的一条滑动圆弧，该圆弧对应的圆弧信息 S_0、T_0、E_0 作为初始向量，即 $\boldsymbol{Z}^0 = [Z_1^0 \ Z_2^0 \ Z_3^0]$，其中 $[Z_1^0 \ Z_2^0 \ Z_3^0] = [x_{S_0} \ x_{T_0} \ x_{E_0}]$。根据下面模式构建三个线性无关的向量 $\boldsymbol{Z}^i (i=1, 2, 3)$，组成 4 个向

量，即

$$
\begin{cases}
\boldsymbol{Z}^0 = \begin{bmatrix} Z_1^0 & Z_2^0 & Z_3^0 \end{bmatrix} \\
\boldsymbol{Z}^1 = \begin{bmatrix} Z_1^0 + a & Z_2^0 & Z_3^0 \end{bmatrix} \\
\boldsymbol{Z}^2 = \begin{bmatrix} Z_1^0 & Z_2^0 + b & Z_3^0 \end{bmatrix} \\
\boldsymbol{Z}^3 = \begin{bmatrix} Z_1^0 & Z_2^0 & Z_3^0 + c \end{bmatrix}
\end{cases}
\tag{6.22}
$$

式中，a、b、c 为向量各元素的移动步长，给定初始移动步长为 2m，a、b、c 三个步长是变化的，根据具体情况做适当的调整。该初始单纯形的几何模型为四面体，假设 $\boldsymbol{Z}^0$ 为最差点。三维变量单纯形搜索过程示意图如图 6.9 所示。

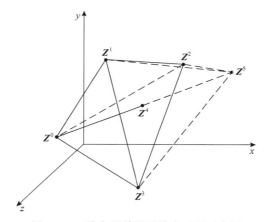

图 6.9　三维变量单纯形搜索过程示意图

2. 判断单纯形有效性

构建的三个线性无关的向量 $\boldsymbol{Z}^1$、$\boldsymbol{Z}^2$、$\boldsymbol{Z}^3$ 与初始向量 $\boldsymbol{Z}^0$ 组成初始单纯形，每个向量中的三个元素构成一个新的圆弧，判断每个向量的有效性，即判断圆弧会不会出现越界的情况。圆弧越界有下面四种情况：

（1）每个向量的前后两个元素必须在规定的搜索范围内，剪入口在 $x_S \in (x_7, x_8)$，剪出口在 $x_E \in (x_2, x_3)$，圆弧越界示意图如图 6.10 所示。

（2）圆弧超过在 S 点相切的最大圆弧（①#弧线），如图 6.10 中②#弧线所示是与实际工程相违背的。

（3）避免生成的圆弧使得坡面线的折点处于该圆弧下方，造成越界的情况，如图 6.10 中③#弧线所示。

(4)避免出现上凸圆弧的情况，如图 6.10 中④#弧线所示。

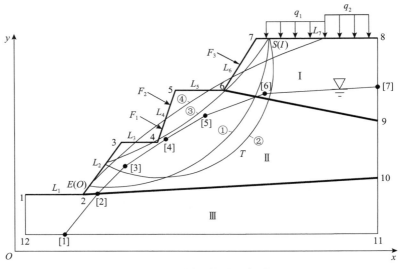

图 6.10　圆弧越界示意图

3. 确定搜索方向及反射点

利用边坡稳定性分析方法确定 4 个向量的目标函数值，再比较各目标函数值的大小，从中找出最差点 Z_H、次差点 Z_G、次优点 Z_S 和最优点 Z_L，进而确定相应的搜索方向，最终确定目标函数的极小值。为了寻找极小值点，根据单纯形的基本假定，向最差点的反方向搜索，这样保证了目标函数一直处于下降的趋势。求最差点 Z_H 以外的其他各点的重心，计算公式为

$$Z^{n+1} = \frac{1}{n}\left(\sum_{i=0}^{n} Z^i - Z_H\right) \tag{6.23}$$

$Z_H Z^{n+1}$ 的连线即为目标函数的搜索方向。

沿着搜索方向确定反射点位置，即

$$Z^{n+2} = Z^{n+1} + \alpha\left(Z^{n+1} - Z_H\right) \tag{6.24}$$

式中，Z^{n+2} 为反射点；α 为反射系数，反射系数的大小是根据生成圆弧的有效性进行确定的，一般情况下取 $\alpha \in (0.1, 1)$。

4. 反射点的扩张运算

在确保反射点确定的圆弧有效的情况下，首先计算反射点的目标函数值

$F(\mathbf{Z}^{n+2})$，当 $|F(\mathbf{Z}^{n+2})-F(\mathbf{Z}_L)| \leqslant \varepsilon(\varepsilon=0.001)$ 时，认为该点为目标函数的极小值点，所以不需要进行扩张运算。

当上述条件不成立且 $F(\mathbf{Z}^{n+2})-F(\mathbf{Z}_L) < 0$ 时，说明搜索方向正确，可以进一步扩大效果，进行扩张运算，扩张公式为

$$\mathbf{Z}^{n+3} = \mathbf{Z}^{n+1} + v\left(\mathbf{Z}^{n+2} - \mathbf{Z}^{n+1}\right) \tag{6.25}$$

式中，$\mathbf{Z}^{n+3}$ 为扩张点；v 为扩张因子，根据生成圆弧的有效性确定，取值范围为 $v \in (\alpha, 2\alpha)$。

5. 扩张有利性判断

在第 4 步中已经得到了扩张点 $\mathbf{Z}^{n+3}$，首先计算扩张点的目标函数值 $F(\mathbf{Z}^{n+3})$，扩张的有利性判断有以下几种情况：

（1）当 $|F(\mathbf{Z}^{n+3})-F(\mathbf{Z}_L)| \leqslant \varepsilon(\varepsilon=0.001)$ 时，认为此点为目标函数的极小值点，说明扩张有利，跳出循环。

（2）当 $F(\mathbf{Z}^{n+3})-F(\mathbf{Z}^{n+2}) < 0$ 时，说明扩张有利，以 $(\mathbf{Z}_L, \mathbf{Z}_G, \mathbf{Z}_S, \mathbf{Z}^{n+3})$ 构成新的单纯形，回到第 2 步，重复上述过程。

（3）当 $F(\mathbf{Z}^{n+3})-F(\mathbf{Z}^{n+2}) > 0$ 时，说明扩张不利，以 $(\mathbf{Z}_L, \mathbf{Z}_G, \mathbf{Z}_S, \mathbf{Z}^{n+2})$ 构成新的单纯形，回到第 2 步，重复上述过程。

其他情况：

（1）当 $F(\mathbf{Z}_L) < F(\mathbf{Z}^{n+2}) < F(\mathbf{Z}_G)$ 时，说明搜索方向正确，但是没有必要进行扩张运算，以 $F(\mathbf{Z}^{n+2})$ 代替 $\mathbf{Z}_H$ 构成新的单纯形 $(\mathbf{Z}_L, \mathbf{Z}_G, \mathbf{Z}_S, \mathbf{Z}^{n+2})$，回到第 2 步，重复上述过程。

（2）当 $F(\mathbf{Z}_G) < F(\mathbf{Z}^{n+2}) < F(\mathbf{Z}_H)$ 时，说明反射点走得太远，需要做压缩处理，即在原有反射基础上做折减运算，得到 $\mathbf{Z}^{n+4}$ 表达式为

$$\mathbf{Z}^{n+4} = \mathbf{Z}^{n+1} + \beta\left(\mathbf{Z}^{n+2} - \mathbf{Z}^{n+1}\right) \tag{6.26}$$

式中，β 为压缩因子，β 一般取值为 0.5。

当得到 $\mathbf{Z}^{n+4}$ 后，首先要计算对应的目标函数值 $F(\mathbf{Z}^{n+4})$。当 $|F(\mathbf{Z}^{n+4})-F(\mathbf{Z}_L)| \leqslant \varepsilon(\varepsilon=0.001)$ 时，认为找到目标函数的极小值点，跳出循环，否则以 $\mathbf{Z}^{n+4}$ 代替 $\mathbf{Z}_H$，构成新的单纯形 $(\mathbf{Z}_L, \mathbf{Z}_G, \mathbf{Z}_S, \mathbf{Z}^{n+4})$，回到第 2 步，重复上述过程。

（3）当 $F(\mathbf{Z}^{n+2}) > F(\mathbf{Z}_H)$ 时，需要对得到的反射点做进一步压缩，将新点压

缩到 Z_H 与 Z^{n+1} 之间，得到 Z^{n+5} 表达式为

$$Z^{n+5} = Z^{n+1} + \beta\left(Z_H - Z^{n+1}\right) \tag{6.27}$$

当得到 Z^{n+5} 后，首先要计算对应的目标函数值 $F(Z^{n+5})$。当 $|F(Z^{n+5}) - F(Z_L)| \le \varepsilon\,(\varepsilon=0.001)$ 时，认为找到目标函数的极小值点，跳出循环；当 $F(Z^{n+5}) < F(Z_H)$ 时，以 Z^{n+5} 代替 Z_H，构成新的单纯形 (Z_L, Z_G, Z_S, Z^{n+5})，回到第 2 步，重复上述过程；当 $F(Z^{n+5}) > F(Z_H)$，认为在该搜索方向上所有点的目标函数值都大于 $F(Z_H)$，应该终止在此搜索方向上的搜索工作，这时以最优点为基准点，将单纯形 (Z_L, Z_G, Z_S, Z^{n+4}) 各个向量一直向最优点进行缩边，得到新的向量，即

$$Z^i = Z^i + \frac{1}{2}\left(Z_L - Z^i\right), \quad i = 0,1,2,3; i \ne L \tag{6.28}$$

由此得到了一个新的单纯形，回到第 2 步，重复上述过程，直至满足终止条件，找到目标函数的极小值。

6.5　前置型和后置型结构滑动面搜索过程

6.3 节和 6.4 节介绍了圆弧滑动面的搜索及优化的过程。对于复合滑动面，前置型和后置型结构滑动面的搜索与优化过程将在本节进行具体介绍。对于存在前置型结构滑动面的边坡，其最危险滑动面的剪出口 E 必定在前置结构面上的某一点，称为前置结构面边坡；而存在后置型结构滑动面的边坡，其最危险滑动面的剪入口 S 必定在后置结构面上的某一点，称为后置结构面边坡。前置型结构滑动面搜索剖面图如图 6.11 所示。后置型结构滑动面搜索剖面图如图 6.12 所示。

6.5.1　前置型结构滑动面搜索过程

前置型结构滑动面的剪出口一定在边坡的前置结构面上，同时剪入口的位置必定在剪出口之后的坡段上，因此滑动面由圆弧 STE 和直线段 OE 构成，如图 6.11 所示。直线段 OE 的方程解析式为

$$y = \frac{y_E - y_O}{x_E - x_O}(x - x_O) + y_O, \quad x_O \le x \le x_E \tag{6.29}$$

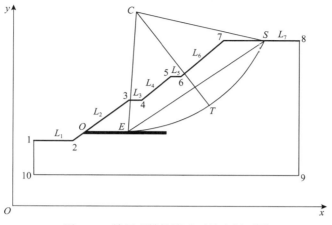

图 6.11　前置型结构滑动面搜索剖面图

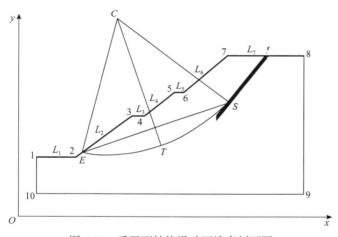

图 6.12　后置型结构滑动面搜索剖面图

滑动面圆弧 STE 部分的方程行列式表达式如式（6.1）所示，解析式如式（6.2）所示，从式（6.1）和式（6.2）可知，只要确定圆弧上三个点的位置，即可得到圆弧的方程，因此必须确定三点的搜索范围。剪出口 E 点的搜索范围必在前置结构面上，剪入口 S 点的搜索范围必定在前置结构面所处坡段之后的坡段，且 $x_S > x_E$，可见 S 点和 E 的搜索范围较好确定，因此关键要确定圆弧中点 T 沿 x 轴方向的搜索范围。T 点在 x 方向搜索范围的最小值 $x_{T_{\min}}$ 的确定方法和单一圆弧滑动面中的搜索方法相同，T 点沿 x 轴方向最大值 $x_{T_{\max 1}}$ 可以按下面方法确定。

图 6.13 为前置型结构滑动面搜索示意图。可以确定剪入口和剪出口连线的中点 $M(x_M, y_M)$，T 点的 $x_{T_{\max 1}}$ 必定在圆心 C 点和 M 点连接的径线上，并且不得

大于单一圆弧滑动面中 $x_{T_{\max}}$，同时圆弧 *STE* 不得下穿前置结构面 *OE*。为了保证不出现下穿结构面的圆弧（如图 6.13 中的虚线所示），圆弧必定与结构面相切，切点为剪出口 *E* 点。径线 *MT* 的方程如式（6.11）所示，*CE* 连线的方程为

$$y = \frac{x_O - x_E}{y_E - y_O}\left(x - x_E\right) + y_E \tag{6.30}$$

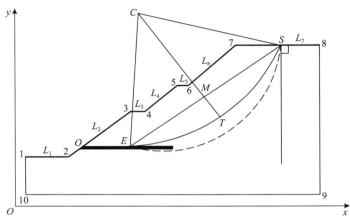

图 6.13　前置型结构滑动面搜索示意图

联立式（6.11）和式（6.30），可得圆心 *C* 点的坐标为

$$\begin{cases} x_C = \dfrac{K_J x_M - K_L x_E + y_E - y_M}{K_J - K_L} \\[3mm] y_C = \dfrac{K_J K_L\left(x_M - x_E\right) + K_J y_E - K_L y_M}{K_J - K_L} \end{cases} \tag{6.31}$$

式中，

$$K_L = \frac{x_O - x_E}{y_E - y_O}$$

圆弧 *STE* 方程为

$$y = y_C - \sqrt{\left(x_S - x_C\right)^2 + \left(y_S - y_C\right)^2 - \left(x - x_C\right)^2} \tag{6.32}$$

联立式（6.32）和式（6.11），可得 $x_{T_{\max 2}}$ 的坐标为

$$x_{T_{\max 2}} = \frac{\sqrt{B^2 - 4AC} - B}{2A} \tag{6.33}$$

式中，

$$A = K_J^2 + 1$$

$$B = 2\left(K_J y_M - K_J y_C - K_J^2 - x_C\right)$$

$$C = K_J^2 x_M^2 - 2K_J x_M \left(y_M - y_C\right) - \left(x_S - x_C\right)^2 - \left(y_S - y_C\right)^2$$

由于 T 点的 $x_{T_{\max 1}}$ 不得大于单一圆弧滑动面中 $x_{T_{\max}}$，且圆弧 STE 不得下穿前置结构面 OE，所以

$$x_{T_{\max 1}} = \min\left(x_{T_{\max}}, x_{T_{\max 2}}\right) \tag{6.34}$$

至此，T 点在 x 方向上的最大点 $x_{T_{\max 1}}$ 确定。因此，确定了 T 点在 x 轴方向的搜索范围，$x_T \in \left(x_{T_{\min}}, x_{T_{\max 1}}\right)$，其优化过程同单一圆弧滑动面相同。

6.5.2　后置型结构滑动面搜索过程

后置型结构滑动面的剪入口一定在后置结构面上，同时剪出口的位置必定在剪入口之前的坡段上，因此滑动面由圆弧 STE 和直线段 IS 构成，如图 6.14 所示。直线段 IS 的方程解析式为

$$y = \frac{y_S - y_I}{x_S - x_I}\left(x - x_I\right) + y_I, \quad x_S \leqslant x \leqslant x_I \tag{6.35}$$

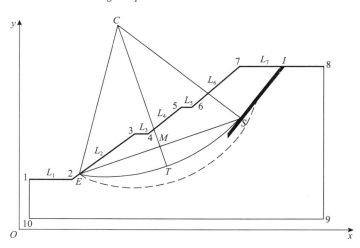

图 6.14　后置型结构滑动面搜索示意图

滑动面圆弧 STE 部分的方程如式(6.1)所示,解析式如式(6.2)所示,同样,只要确定圆弧上三个点的位置,就得到了圆弧的方程,因此必须确定三点的搜索范围。如上所述,剪入口 S 点的搜索范围必在后置结构面上,剪出口 E 点的搜索范围必在后置结构面所处坡段之前的坡段,且 $x_S > x_E$,S 点和 E 点的搜索范围易于确定。因此,确定圆弧中点 T 沿 x 轴方向的搜索范围是解决问题的关键。T 点在 x 方向搜索范围的最小值 $x_{T_{\min}}$ 的确定方法和单一圆弧滑动面中的搜索方法相同,T 点沿 x 轴方向最大值 $x_{T_{\max1}}$ 确定方式按以下方法进行。

如图 6.14 所示,可以确定剪入口和剪出口的中点 $M(x_M, x_M)$,$x_{T_{\max1}}$ 必定在圆心 C 点和 M 点连接的径线上,并且不得大于单一圆弧滑动面中 $x_{T_{\max}}$,同时不得出现下穿后置结构面 IS 的圆弧 STE,如图 6.14 图中虚线所示。为了保证不出现下穿结构面的圆弧,圆弧必定与结构面相切,切点为剪入口 S 点。径线 MT 的方程如式(6.11)所示,CS 连线的方程为

$$y = \frac{x_I - x_S}{y_S - y_I}(x - x_S) + y_S \tag{6.36}$$

联立式(6.11)和式(6.36),可得圆心 C 点的坐标为

$$\begin{cases} x_C = \dfrac{K_J x_M - K_L x_S + y_S - y_M}{K_J - K_L} \\ y_C = \dfrac{K_J K_L (x_M - x_S) + K_J y_S - K_L y_M}{K_J - K_L} \end{cases} \tag{6.37}$$

式中,

$$K_L = \frac{x_I - x_S}{y_S - y_I}$$

圆弧 STE 方程为

$$y = y_C - \sqrt{(x_S - x_C)^2 + (y_S - y_C)^2 - (x - x_C)^2} \tag{6.38}$$

联立式(6.38)和式(6.11),可得 $x_{T_{\max2}}$ 的坐标为

$$x_{T_{\max2}} = \frac{\sqrt{B^2 - 4AC} - B}{2A} \tag{6.39}$$

式中,

$$A = K_J^2 + 1$$

$$B = 2\left(K_J y_M - K_J y_C - K_J^2 - x_C\right)$$

$$C = K_J^2 x_M^2 - 2K_J x_M \left(y_M - y_C\right) - \left(x_S - x_C\right)^2 - \left(y_S - y_C\right)^2$$

由于 T 点的 $x_{T_{\max1}}$ 不得大于单一圆弧滑动面中 $x_{T_{\max}}$，且圆弧 STE 不得下穿后置结构面 IS，所以

$$x_{T_{\max1}} = \min\left(x_{T_{\max}}, x_{T_{\max2}}\right) \tag{6.40}$$

至此，可以确定 T 点在 x 方向上的最大点 $x_{T_{\max1}}$，T 点在 x 轴方向的搜索范围为 $x_T \in \left(x_{T_{\min}}, x_{T_{\max1}}\right)$。

第7章　边坡稳态的敏感性及可靠性分析

在建筑挖填方边坡稳定性评价中，有时还需要进行影响参数的敏感性分析和可靠性分析。本章阐述了各种影响因素对边坡稳定性的敏感性分析方法和边坡稳定性的可靠性分析理论及方法，为进一步研发边坡稳定性评价与设计软件奠定理论基础。

7.1　边坡稳态的敏感性分析

根据边坡条块的力学模型和求解边坡稳定系数的计算公式可以看出，影响边坡稳定系数的主要参数为边坡岩土体的物理力学参数（如岩土体重度γ和抗剪强度指标c、φ）、边坡内地下水的动态和地震参数等。研究边坡稳定性影响因素的敏感性问题，对于确定边坡变形破坏的主导因素和诱发因素具有重要意义。

1. 边坡稳态对岩土体物理力学参数的敏感性分析

边坡岩土体重度γ和抗剪强度指标c、φ对边坡稳定性的影响，可以通过选取某一参数（如选取岩土体重度γ）的一系列值，而固定其他参数（如c、φ、地下水位、地震系数等），求解一系列的边坡稳定系数并绘制曲线，从而根据变化曲线得知该参数对边坡稳态的影响程度。变化曲线以参数的系列取值为横坐标，以相应的边坡稳定系数为纵坐标。图7.1～图7.3分别为某边坡稳态对岩土体重度γ、底滑面黏聚力c、底滑面内摩擦角φ的敏感性分析曲线。

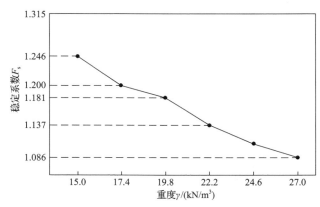

图 7.1　某边坡稳态对岩土体重度γ的敏感性分析曲线

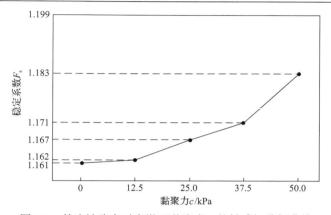

图 7.2　某边坡稳态对底滑面黏聚力 c 的敏感性分析曲线

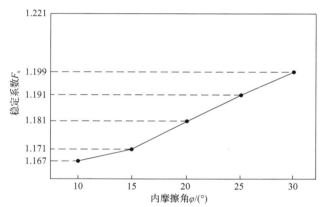

图 7.3　某边坡稳态对底滑面内摩擦角 φ 的敏感性分析曲线

2. 边坡稳态对地下水动态的敏感性分析

地下水是影响边坡稳定性的重要因素，大量边坡失稳现象伴随着地下水的作用。边坡地下水对边坡的稳定性有何影响，可通过选取不同的地下水位工况，求解各种水位工况下的边坡稳定系数并绘制柱状图，从而根据柱状图得知不同水位工况对边坡稳态的影响程度。不同的地下水位工况作为横坐标，以相应的边坡稳定系数为纵坐标。不同地下水位工况如图 7.4 所示，某边坡稳态对不同地下水位工况的敏感性分析如图 7.5 所示。

3. 边坡稳态对地震的敏感性分析

地震对边坡施加瞬时荷载，选取水平地震系数 k_c 的一系列值，可取 k_c=0.05、0.10、0.15、0.20、0.30、0.40，相当于地震基本烈度为Ⅵ～Ⅸ度。通过计算求得水平地震系数和边坡稳定系数的关系曲线。图 7.6 为某边坡稳态对地震的敏

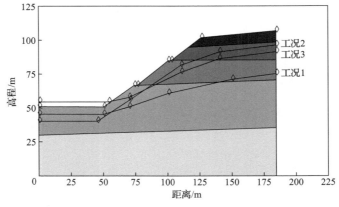

图 7.4　不同地下水位工况

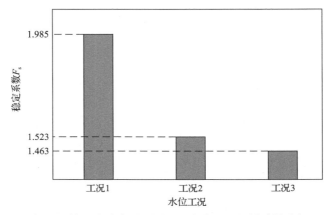

图 7.5　某边坡稳态对不同地下水位工况的敏感性分析

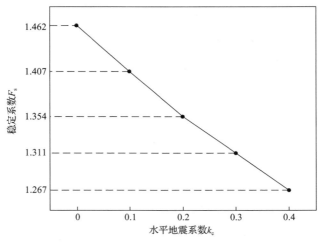

图 7.6　某边坡稳态对地震的敏感性分析曲线

感性分析曲线。地震对边坡稳态的影响是十分显著的。因此，在边坡工程设计中，地震是不可忽视的考虑因素之一。

7.2 边坡的可靠性分析方法

7.2.1 边坡可靠性概念

在边坡工程评价、设计和施工过程中，最重要、最根本的问题是边坡的安全性。传统的边坡稳态评价方法，是以稳定系数作为评价边坡工程安全性的指标，如简化毕肖普法、Janbu 法、萨尔玛法等，它们计算结果的正确性取决于假设的计算模型与实际模型的吻合程度，以及计算参数的准确性。在工程实践中，一些边坡工程稳定系数 $F_s>1.35$ 或者更高，也存在失稳破坏的先例，其原因是忽视了边坡工程中的不确定性因素的影响。

边坡稳态受多种因素影响，如岩土体的抗剪强度指标（c、φ）、岩土体重度、地下水位、地应力、地震荷载和工程荷载等，而这些参数都是随机变量。因此，边坡稳定系数也是一个随机变量。设取任意一组参数，计算得到稳定系数为一次随机试验，它的样本空间为

$S=\{e\}$
  $=\{$岩土体的抗剪强度指标（c、φ）、岩土体重度、地下水位、地应力、地震荷载、
    工程荷载$\}$

对于每一个 $e\in S$ 都有一个稳定系数 $F_s(e)$ 与之对应，它是定义在 S 上的实值单值函数，为随机变量。样本空间与稳定系数的对应关系如图 7.7 所示。

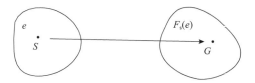

图 7.7 样本空间与稳定系数的对应关系

用于边坡工程稳态计算的物理力学参数和构成边坡破坏的滑移面的形态，以及边坡的地下水条件、地应力条件等环境，都具有很大的变化性和不确定性，边坡稳定系数具有随机性。边坡工程影响因素取值的不确定性是导致主观认为边坡安全却发生失稳破坏的小概率事件的主要原因。因此，边坡的稳定系数或安全系数并不能完全表征边坡的安全性。在实际工程中，边坡较高的安全系数意味着边坡更安全，但并没有表明安全多少。不能认为采用安全系数 $F_s=1.2$

的边坡，就可以得到 120% 的安全；也不能认为安全系数 F_s=3.0 的边坡，其安全程度是 F_s=1.5 的边坡的 2 倍。同样，对于同一边坡，在不同边界条件下采用相同的安全系数，其破坏概率将有所不同，边坡的安全程度或可靠程度也不同。边坡的可靠性分析结果能够反映各种类型的不确定性或随机性，既能给出边坡设计可采用的平均安全系数，又能给出相应的可能承担的风险，即破坏概率，因此更能客观地反映边坡的安全性。

7.2.2 边坡可靠性分析的蒙特卡罗法

蒙特卡罗法又称为随机模拟法或统计试验法，它在科学研究和工程技术领域得到了广泛应用。在边坡工程可靠性分析方面是一种较为精确的计算方法，本书的边坡稳定性评价与设计软件将采用这一方法。

1. 蒙特卡罗法的基本步骤

若已知状态变量的概率分布，根据边坡的极限状态条件 $g(x_1, x_2, \cdots, x_n)=0$（以安全储备表示边坡状态或以稳定系数表示边坡状态），利用蒙特卡罗法产生符合状态变量概率分布的一组随机数 $x_1, x_2, \cdots, x_n$，将它们代入状态函数 $Z=g(x_1, x_2, \cdots, x_n)$ 得到状态函数的一个随机数，本书采用的状态函数随机数为稳定系数 F_s。当产生 N 组随机数 $x_1, x_2, \cdots, x_n$ 时，相应得到 N 个 F_s 值，其中有 M 个 $F_s \leqslant 1$，边坡失稳频率为 M/N。当 N 足够大时，根据大数定律，此时的频率已近似于概率，可得边坡的破坏概率为

$$p_f = p\left\{g\left(x_1, x_2, \cdots, x_n\right) \leqslant 1\right\} = \frac{M}{N} \tag{7.1}$$

因此，在蒙特卡罗法中，破坏概率为边坡失稳次数占总抽样数的频率。也可以通过统计 N 个稳定系数 F_s 的值，估计分布参数，并拟合其理论分布，求得边坡的破坏概率为

$$p_f = p(F_s \leqslant 1) \tag{7.2}$$

采用蒙特卡罗法计算边坡的破坏概率和可靠度时，需要解决两个问题：①状态变量的随机抽样方法；②抽样总数及破坏概率的收敛。本书的蒙特卡罗模拟与时间无关，是静态模拟，反映的是边坡工程某一时刻的在既定条件下的破坏概率。一次独立的试验结果得到边坡的一个稳定系数 F_s，直至满足精度要求停止试验，边坡可靠性分析的蒙特卡罗法模拟步骤如图 7.8 所示。

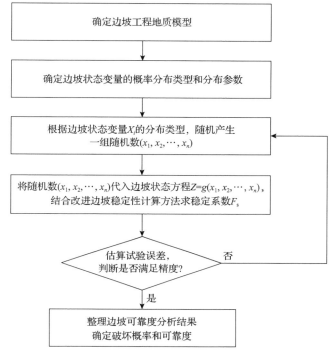

图 7.8　边坡可靠性分析的蒙特卡罗法模拟步骤

对于一个待评价的边坡，最重要的是确定边坡工程地质模型，根据改进计算模型，将边坡稳定系数 F_s 设为状态函数，即

$$F_s = g(\gamma, c, \varphi, \text{地震荷载，地下水位，工程荷载，滑动面位置})$$

在本书的可靠性分析中将地震荷载、地下水位、工程荷载、滑动面位置作为既定条件，将岩土体重度 γ 和抗剪强度指标 c、φ 作为边坡状态随机变量，参与边坡状态变量的随机抽样试验。

2. 蒙特卡罗法的误差估计与收敛性

蒙特卡罗法在可靠性分析中是一种精确的计算方法，破坏概率的误差估计和收敛依赖于模拟次数 N，根据中心极限定理，当随机抽样次数 N 充分大时，有

$$\frac{P_f - P}{\sigma_{P_f}} \sim N(0, 1) \tag{7.3}$$

式中，P 为破坏概率 P_f 的期望值；P_f 为破坏概率估值；σ_{P_f} 为破坏概率 P_f 的标准差，即

$$\sigma_{P_f} = \left[\frac{P(1-P)}{N}\right]^{\frac{1}{2}}$$

取显著水平为 α，则有

$$P\left\{\left|\frac{P_f - P}{\sigma_{P_f}}\right| \leqslant k_{\alpha/2}\right\} = 1 - \alpha \tag{7.4}$$

式中，$k_{\alpha/2}$ 为标准正态分布 $N(0,1)$ 的 $\alpha/2$ 百分位值，取显著水平 $\alpha = 0.05$，则 $k_{\alpha/2} = 1.96$，并将破坏概率估值 P_f 代替 P，得到

$$\varepsilon = |p_f - p| \leqslant k_{\alpha/2}\sigma_{P_f} = k_{\alpha/2}\sqrt{\frac{p(1-p)}{N}} = 1.96\sqrt{\frac{p_f(1-p_f)}{N}} \tag{7.5}$$

式中，ε 为边坡破坏概率的绝对误差，它作为检验破坏概率是否已经收敛的依据，一般可取阈值 $\varepsilon_0 = 1 \times 10^{-4}$。

模拟次数 N 越大，破坏概率 P_f 的绝对误差 ε 越小，因此，边坡工程可靠性蒙特卡罗法需要充分大的模拟次数，才能保证边坡破坏概率的精度，在试验中的具体做法是：

（1）选定一个初始模拟次数 N_0，为了加快收敛速度，初始次数 $N_0 = 500$ 较为合适。

（2）根据稳定系数计算模型，求解相应的 F_s，统计破坏概率 $P_f = P\{F_s < 1\}$，以及破坏概率 P_f 的绝对误差 ε。

（3）比较 ε 与 ε_0 的大小，当 $\varepsilon \leqslant \varepsilon_0$ 时，满足工程精度的要求，结束模拟。否则将模拟次数增加 100 次，即 $N_0 = N_0 + 100$，再次重复（2）、（3）的工作。

蒙特卡罗法模拟次数 N 需要满足

$$N \geqslant \frac{100}{P_f} \tag{7.6}$$

P_f 是一个很小的数值，这就要求 N 很大，如 $P_f = 0.1\%$，则计算次数 N 将达到 1×10^5 次。这样大的模拟次数，在进行计算机分析时，将花费过多的时间。因此，应研究如何在计算次数较少的情况下保证 P_f 满足工程精度要求。对于一般性的边坡工程，取 $N = 5000 \sim 10000$，可以满足工程评价的精度要求。

第8章　边坡稳定性评价与设计软件开发

在工程实践中，边坡稳定性评价是边坡工程设计的前提，对于复杂条件下的边坡工程还必须进行影响因子的敏感性分析和边坡可靠性分析。当边坡加固治理方案确定之后，边坡工程稳定性分析、敏感性分析和破坏概率的校验可为边坡的设计方案提供参考依据。本书集边坡稳定性评价和边坡支护力的设计于一体，并结合有限随机追踪法和单纯形优化算法，编制了《边坡稳定性分析系统》软件，简称 DL-SLOPE V1.0。

8.1　DL-SLOPE V1.0 软件的功能及模块构成

DL-SLOPE V1.0 是一个综合的边坡稳定性评价与加固力或抗滑力设计的软件。该软件功能可以概括为以下几点：首先，可以对边坡现状进行稳定性评价；其次，可以充分考虑边坡在外荷载作用下的稳定怹，这为边坡稳定性设计提供了依据；再次，可以对影响边坡稳定的各个因素进行敏感性分析；最后，还可以对边坡进行可靠性分析，确定边坡的破坏概率。DL-SLOPE V1.0 软件主要包括 6 个模块：几何模型构建模块、力学加载模块、稳定性分析模块、可靠性分析模块、敏感性分析模块和后处理模块。

边坡几何模型构建模块主要包括输入软件的工程信息、输入地下水位几何模型、选择滑动面模型、输入地层属性、几何模型及属性赋值。边坡几何模型建立操作界面如图 8.1 所示。边坡几何模型示意图如图 8.2 所示。

边坡力学加载模块指边坡所受外荷载的形式，主要包括：①地震荷载，主要根据边坡所处地震烈度区域确定地震作用的水平影响系数；②坡顶分布荷载，主要根据现场情况而定，一般为坡顶的堆积荷载或建（构）筑物基底压力等；③坡面上的集中荷载，一般为对边坡进行加固而作用在坡面上的集中荷载，比如对边坡进行锚索加固所施加的荷载；④坡底堆载或坡脚抗滑力。力学加载模块示意图如图 8.3 所示。

边坡稳定性分析模块属于该软件的核心模块，共包括六种边坡稳定性分析方法，分别为瑞典条分法、简化毕肖普法、传递系数法（显式、隐式）和改进萨尔玛法（透水介质、不透水介质）。边坡稳定性分析模块示意图如图 8.4 所示。

此外该模块还可以任意指定边坡剪入口、剪出口的搜索范围及搜索模式。同时该模块还具备不同分析方法计算结果的对比功能，图 8.5 为几种分析方法的计算结果对比。

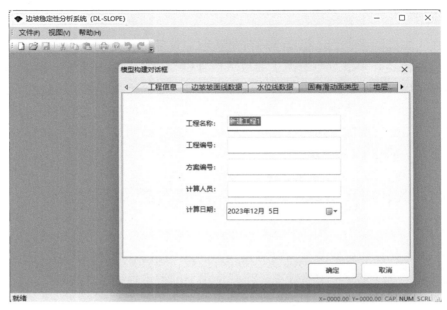

图 8.1　边坡几何模型建立操作界面

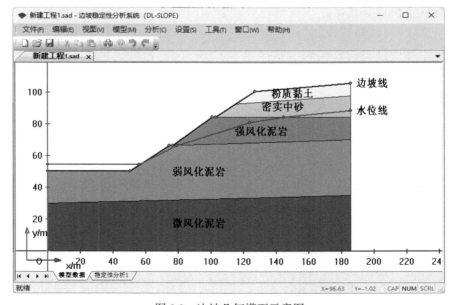

图 8.2　边坡几何模型示意图

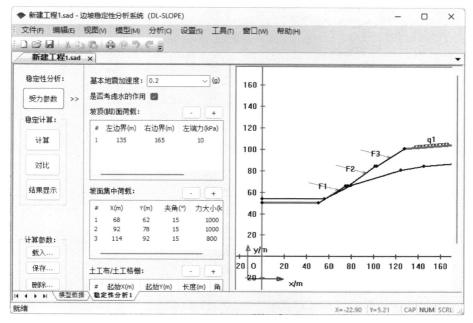

图 8.3　力学加载模块示意图

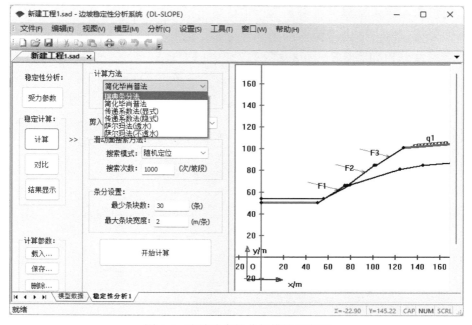

图 8.4　边坡稳定性分析模块示意图

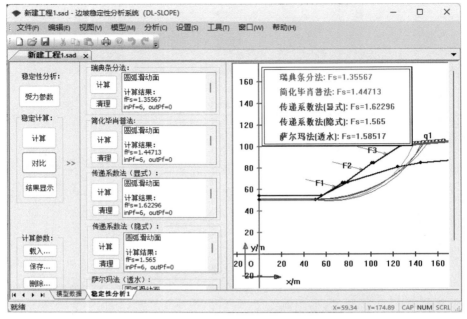

图 8.5 　几种分析方法计算结果对比

边坡敏感性分析模块旨在分析不同影响因素下边坡稳定系数的变化，主要包括地震影响因素的敏感性分析、岩土体重度的敏感性分析、岩土体黏聚力的敏感性分析、岩土体内摩擦角的敏感性分析。以某典型边坡为例，不同影响因素的敏感性分析如图 8.6～图 8.9 所示。

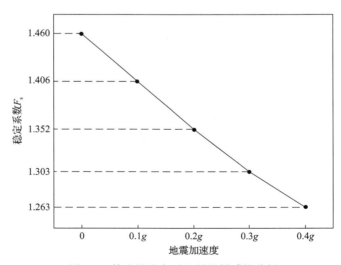

图 8.6 　某边坡稳态对地震的敏感性分析

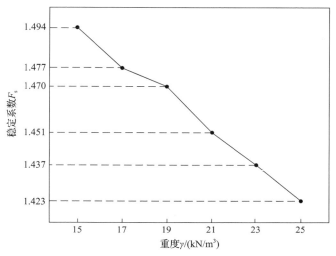

图 8.7　某边坡稳态对岩土体重度的敏感性分析

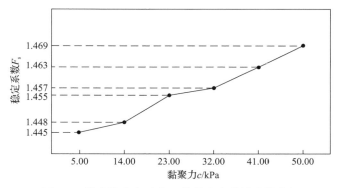

图 8.8　某边坡稳态对岩土体黏聚力的敏感性分析

由于地下水影响边坡稳定性表现为水位的波动和不同的分布特征，在进行边坡稳定性分析时，其稳定系数与地下水的关系曲线不能采用折线图的形式，本书采用柱状图的形式。图 8.10 为不同地下水位工况。图 8.11 为某边坡稳态对地下水敏感性分析结果。

可靠性分析模块依据边坡的不同工况和岩土体的重度、黏聚力、内摩擦角等参数统计值，开展蒙特卡罗法模拟试验，计算破坏概率或可靠度，包括工况选取和计算分析。后处理模块主要包括计算文件和图形的保存与打印，以及软件说明和帮助等功能。

DL-SLOPE V1.0 软件的模块构成如图 8.12 所示。

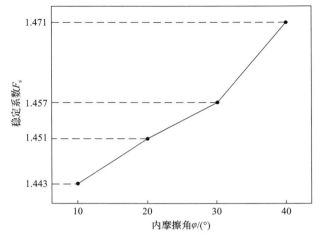

图 8.9　某边坡稳态对岩土体内摩擦角的敏感性分析

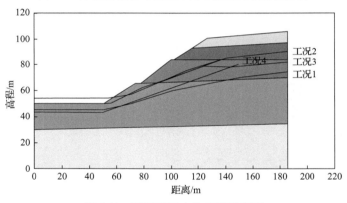

图 8.10　不同地下水位工况示意图

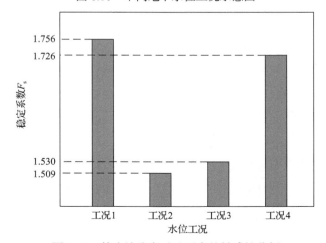

图 8.11　某边坡稳态对地下水的敏感性分析

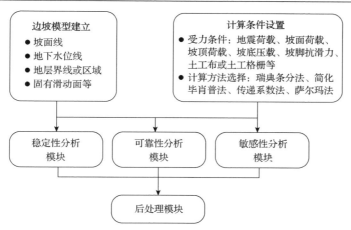

图 8.12 DL-SLOPE V1.0 软件的模块构成

8.2 DL-SLOPE V1.0 软件编制过程中的关键技术

1. 边坡坡体条块划分细则

假设根据随机追踪法得到一个圆弧滑动面 SE，针对该滑动面进行边坡条块划分，如图 8.13 所示。边坡滑动面均是随机产生，圆弧具有不确定性，在软件运算过程中，边坡条分自动完成。为了使条分结果更加合理，条分过程需遵循以下要求：

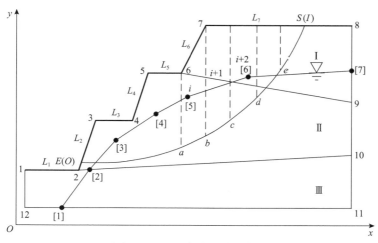

图 8.13 边坡条块划分示意图

(1)条块宽度不宜小于 1m。当条块宽度小于 1m 时，条块在满足其他准则的情况下不再进行细分。

（2）坡面线控制点所在位置必须进行条分。如图 8.13 中在圆弧滑动面 SE 的 x 轴方向上穿过多个坡面线控制点（3～7），这些位置都要进行条分，如图 8.13 中控制点 6 和 7 所示。这样做的目的是使所有的几何形状和属性的变化都发生在条块的边缘。

（3）确定边坡的最小划分条数 n，程序中默认取值为 30。

（4）确定边坡条块的最大划分宽度 k，程序默认取值为 5m。在满足（1）和（2）的同时，条块划分结果还要满足（3）和（4）。

（5）当边坡滑动面为固有滑动面类型时，在滑动面的折点位置必须进行条分。滑动面条分后应满足 $\Delta\alpha = \alpha_{i+1} - \alpha_i \leqslant 10°$。当 $\Delta\alpha = \alpha_{i+1} - \alpha_i > 10°$ 时，条块要进行平滑处理。平滑处理是通过增加折线段的形式实现的，分别取相邻条块的 1/3 位置处连接得到，以保证边坡稳定系数的精确性。图 8.14 为边坡条块平滑处理示意图。假设相邻条块 DE 底边与 EF 底边水平夹角之差大于 $10°$，则以 E 点为起点，分别取 DE 与 EF 的 1/3 连线得到 $E_{11}E_{12}$，$E_{11}E_{12}$ 即为新增加的边坡滑动面，假设新得到的 DE_{11} 与 $E_{11}E_{12}$ 水平夹角之差仍大于 $10°$，则以 E_{11} 点为起点，分别取 DE_{11} 与 $E_{11}E_{12}$ 的 1/3 连线得到 $E_{21}E_{22}$，同样得到 $E_{23}E_{24}$，这样相邻条块间的水平夹角之差不断减小，直至满足条件为止。

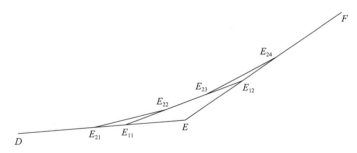

图 8.14　边坡条块平滑处理示意图

条块划分范围为 x_{ES}（$x_{ES} = x_S - x_E$），计算

$$\Delta x = \frac{x_{ES}}{n}$$

$$k = \begin{cases} k, & \Delta x \geqslant k\ (\text{取}\ k\ \text{作为最大条块划分宽度}) \\ \Delta x, & 1 < \Delta x < k\ (\text{取}\ \Delta x\ \text{作为最大条块划分宽度}) \\ 1, & \Delta x \leqslant 1\ (\text{取}\ 1\text{m}\ \text{作为最大条块划分宽度}) \end{cases}$$

式中，Δx 为相邻条块控制点的 x 差值；n 为坡面线控制点与滑动面折点的数目

之和；k 为条块划分的最大宽度。

依据条块最大划分宽度 k，计算间隔控制点内划分条块数目 n_i，即

$$n_i = \text{int}\left(\frac{\Delta x_i}{k}\right) + 1$$

式中，Δx_i 为 (x_E, x_S) 区间内所有相邻控制点或滑动面折点的 x 差值。

则间隔控制点中每个条块的实际划分宽度 k_i 为

$$k_i = \frac{\Delta x_i}{n_i}$$

2. 边坡地层区域的划分和边坡属性的赋值

在边坡稳定性分析过程中，边坡地层区域的划分和地层属性的赋值过程是影响边坡稳定性计算的重要因素。特别是对于复杂边坡，其地层条件更加复杂多变。边坡地层区域的划分必须根据边坡地层的真实情况确定，因此区域划分形成的多边形更加无规则可循。边坡地层区域多为非均质岩土体，复杂程度较高。为了方便描述边坡地层区域，将边坡地层区域的几何模型离散为多个控制点，如图 8.15 所示。

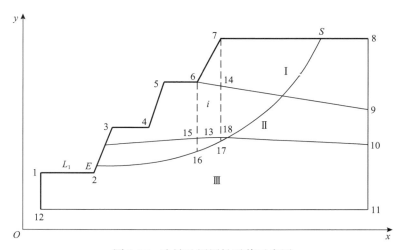

图 8.15　边坡地层属性赋值示意图

边坡地层属性是影响边坡稳定性的重要因素，能否准确地对边坡地层进行属性赋值，直接影响到边坡稳定系数的计算结果。边坡地层的属性主要包括五个参数：岩土体重度 γ、条块侧面黏聚力 c_s、条块侧面内摩擦角 φ_s、滑动面底部黏聚力 c_b 和滑动面底部内摩擦角 φ_b。为了实现边坡地层属性的赋值，必须求解

条块与地层的交集面积。

图 8.15 为边坡地层属性赋值示意图,以第 i 条块为研究对象,对其进行属性赋值。第 i 条块与地层Ⅰ、Ⅱ、Ⅲ的交集既有三角形又有五边形,既存在凸多边形又存在凹多边形。实际问题变为求解任意多边形的面积,通过多边形几何交集算法计算得到各个交点的坐标,依次连接各交点形成任意形状的多边形,将任意多边形简化为多个三角形求面积,求解过程如下:

(1)对于任意三角形,只要确定三角形的三个顶点坐标就可以计算三角形的面积,三角形的面积计算公式为

$$S = \frac{1}{2}\begin{vmatrix} x_1 & y_1 & 1 \\ x_2 & y_2 & 1 \\ x_3 & y_3 & 1 \end{vmatrix} \tag{8.1}$$

三角形顶点编号示意图如图 8.16 所示。当三角形采用逆时针编号时,得到的三角形面积为正,如图 8.16(a)所示;当三角形采用顺时针编号时,得到的三角形面积为负,如图 8.16(b)所示。

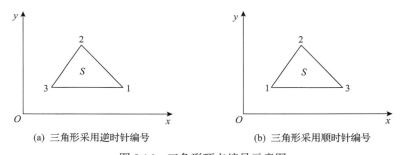

(a) 三角形采用逆时针编号　　　　　　(b) 三角形采用顺时针编号

图 8.16　三角形顶点编号示意图

(2)将条块与地层区域的交集离散为多个控制顶点,并将任意多边形顶点按逆时针排序。求解多边形面积示意图如图 8.17 所示。

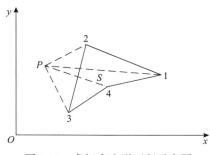

图 8.17　求解多边形面积示意图

（3）取任意多边形外任意一点 P ，即可得到该多边形的面积公式为

$$S = S_{\triangle P12} + S_{\triangle P23} + \cdots + S_{\triangle Pii+1} + \cdots + S_{\triangle Pn1} \tag{8.2}$$

即

$$S = \frac{1}{2} \left\{ \begin{vmatrix} x_P & y_P & 1 \\ x_1 & y_1 & 1 \\ x_2 & y_2 & 1 \end{vmatrix} + \begin{vmatrix} x_P & y_P & 1 \\ x_2 & y_2 & 1 \\ x_3 & y_3 & 1 \end{vmatrix} + \cdots + \begin{vmatrix} x_P & y_P & 1 \\ x_i & y_i & 1 \\ x_{i+1} & y_{i+1} & 1 \end{vmatrix} + \cdots + \begin{vmatrix} x_P & y_P & 1 \\ x_n & y_n & 1 \\ x_1 & y_1 & 1 \end{vmatrix} \right\} \tag{8.3}$$

为了简便计算，设 P 点为坐标原点 $(x_P, y_P) = (0,0)$ ，这样任意三角形的面积可以表示为

$$S_i = \frac{1}{2} \begin{vmatrix} 0 & 0 & 1 \\ x_i & y_i & 1 \\ x_{i+1} & y_{i+1} & 1 \end{vmatrix} \tag{8.4}$$

第 i 条块的重量为

$$G = \sum_{j=1}^{m} \sum_{i=1}^{n} S_{ij} \gamma_j \tag{8.5}$$

式中，n 为条块与每个地层区域的交点个数；m 为地层区域层数。

在计算边坡稳定性的过程中需要考虑地震荷载的作用，因此在计算条块自重的过程中还要计算条块的重心。任意多边形重心的求解过程如下：

（1）已知三角形三个顶点坐标，可知该三角形的形心。由于是单一均质土层与条块做交集，离散多边形交集是均质的，因此，在本书中重心与形心重合。三角形重心坐标表达式为

$$\left(x_{ci}, y_{ci} \right) = \left(\frac{x_1 + x_2 + x_3}{3}, \frac{y_1 + y_2 + y_3}{3} \right) \tag{8.6}$$

（2）任意条块与 j 地层的交集的重心坐标表达式为

$$\left(x_{cj}, y_{cj} \right) = \left(\frac{\sum\limits_{i=1}^{n} S_i \gamma_i x_{ci}}{\sum\limits_{i=1}^{n} S_i \gamma_i}, \frac{\sum\limits_{i=1}^{n} S_i \gamma_i y_{ci}}{\sum\limits_{i=1}^{n} S_i \gamma_i} \right) \tag{8.7}$$

（3）任意条块的重心坐标表达式为

$$(x_{\mathrm{c}}, y_{\mathrm{c}}) = \left(\dfrac{\displaystyle\sum_{j=1}^{m}\sum_{i=1}^{n} S_{ij}\gamma_{ij}x_{\mathrm{c}ij}}{\displaystyle\sum_{j=1}^{m}\sum_{i=1}^{n} S_{ij}\gamma_{ij}}, \dfrac{\displaystyle\sum_{j=1}^{m}\sum_{i=1}^{n} S_{ij}\gamma_{ij}y_{\mathrm{c}ij}}{\displaystyle\sum_{j=1}^{m}\sum_{i=1}^{n} S_{ij}\gamma_{ij}} \right) \tag{8.8}$$

对于存在地下水位的边坡，特别是透水介质，即存在渗流动水压力时，边坡条块的重度需要采用浮重度。当边坡体外存在地表水时，可将地表水看作为作用在边坡上的外荷载，即坡顶（脚）面荷载。将地表水荷载直接附加在边坡的重力上，即 W_i+Q_i，但地表水对边坡条块重心的位置无影响。

内摩擦角和黏聚力的赋值不同于条块重度的赋值。在边坡条块划分之后，可以得到各个条块左右边界 x_{L} 和 x_{R} 的坐标，这样即可得到边坡条块四个顶点的坐标。分别对条块的侧面和底滑面进行等分，得到各个等分点的坐标，确定各个等分点属于哪个地层，并将该地层强度参数内摩擦角和黏聚力的数值赋予该等分点，然后将各个等分点的内摩擦角和黏聚力进行加权，得到的加权值作为该条块的内摩擦角和黏聚力。条块底滑面与侧面强度参数表达式为

$$(\varphi_{\mathrm{b}}, c_{\mathrm{b}}) = \left(\dfrac{1}{n+1}\sum_{i=1}^{n+1}\varphi_{\mathrm{b}i}, \dfrac{1}{n+1}\sum_{i=1}^{n+1}c_{\mathrm{b}i} \right) \tag{8.9}$$

$$(\varphi_{\mathrm{s}}, c_{\mathrm{s}}) = \left(\dfrac{1}{n+1}\sum_{i=1}^{n+1}\varphi_{\mathrm{s}i}, \dfrac{1}{n+1}\sum_{i=1}^{n+1}c_{\mathrm{s}i} \right) \tag{8.10}$$

式中，n 为条块侧面或者底滑动面的等分数，$n=10$。

第9章　DL-SLOPE V1.0 软件框架详解

9.1　软件安装与启动

1. 软件安装

DL-SLOPE V1.0 软件安装程序非常简单,安装文件为 DL-SLOPE-Setup.exe,在该文件上双击鼠标左键即可启动安装程序，然后按照提示逐步完成安装。

DL-SLOPE V1.0 软件程序安装完毕，可自动在程序组栏和桌面形成"DL-SLOPE"快捷键，双击快捷键图标或者单击程序组栏中的"DL-SLOPE"图标就可以启动 DL-SLOPE V1.0 软件。

2. 启动程序

DL-SLOPE V1.0 软件安装完毕之后，双击桌面"DL-SLOPE"快捷键图标或者单击程序组栏中的"DL-SLOPE"图标,进入程序启动界面。DL-SLOPE V1.0软件程序启动界面如图 9.1 所示。

图 9.1　DL-SLOPE V1.0 软件程序启动界面

当程序启动界面显示 3s 之后，程序自动进入登录界面。用户名为"一般用户"，输入正确的密码进入程序。

9.2　软件功能

9.2.1　程序主界面

DL-SLOPE V1.0 软件安装程序完成之后启动程序,输入正确的登录密码进入程序主界面。程序主界面如图 9.2 所示。

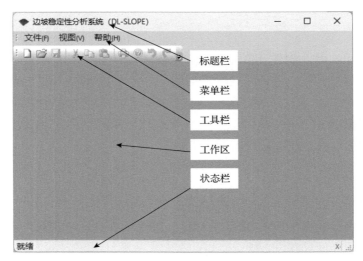

图 9.2　DL-SLOPE V1.0 软件程序主界面

主界面的上部区域包括"标题栏""菜单栏"和"工具栏",灰色区域为边坡几何数据模型的生成区域,即"工作区",最下面为"状态栏"。

菜单栏中有"文件(F)""视图(V)"和"帮助(H)"三项下拉菜单。"文件(F)"下拉菜单中有"新建(N)""载入模型(L)""打开(O)""关闭(C)""打印设置(R)""退出(X)"以及最近打开的工程等。主界面"文件(F)"下拉菜单如图 9.3 所示。用户根据自己的需要可以新建一个工程,也可以打开一个工程。打开工程对话框如图 9.4 所示。也可以载入一个工程的几何数据模型(只包括工程的几何模型,不包括该工程的加载和计算结果等)。点击"打印设置(R)",弹出打印设置对话框。打印设置对话框如图 9.5 所示。点击"退出(X)",退出程序。

"视图(V)"下拉菜单的主要作用是对应用程序"工具栏和停靠窗口(T)""状态栏(S)"和"应用程序外观(A)"进行设置。程序主界面"视图(V)"下拉菜单如图 9.6 所示。"帮助(H)"下拉菜单主要包括"关于 DL-SLOPE V.10 软件程序的版权"和"软件特点介绍"两项内容。程序主界面"帮助(H)"下拉菜单如图 9.7 所示。

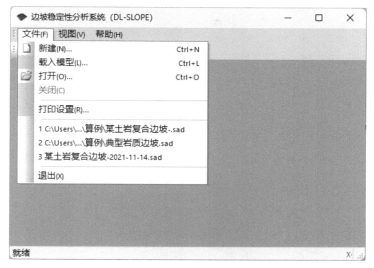

图 9.3　主界面"文件（F）"下拉菜单

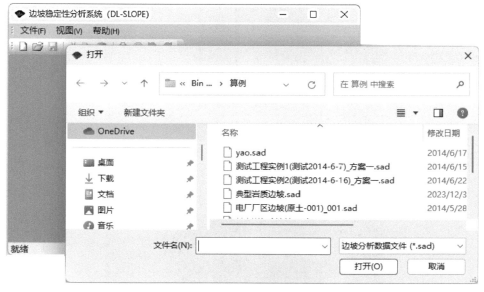

图 9.4　打开工程对话框

"工具栏"中包括"新建工程"按钮、"打开工程"按钮、"保存"按钮（保存为.smd 文件）、"剪切"按钮、"复制"按钮、"粘贴"按钮、"打印"按钮、"撤销"按钮和"重做"按钮。

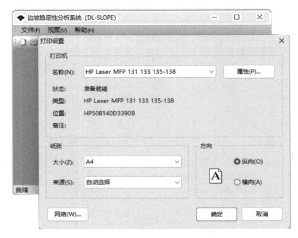

图 9.5　打印设置对话框

图 9.6　程序主界面"视图（V）"下拉菜单

图 9.7　程序主界面"帮助（H）"下拉菜单

9.2.2　边坡几何数据模型构建对话框

点击"文件（F）"下拉菜单中"新建（N）"或"工具栏"中的"新建工程"
按钮，弹出"模型构建对话框"窗口，在该对话框中构建边坡的几何数据模型。
边坡模型构建对话框界面如图 9.8 所示。"模型构建对话框"中包括"工程信息"
"边坡坡面线数据""水位线数据""固有滑动面类型"和"地层属性"五个
选项。

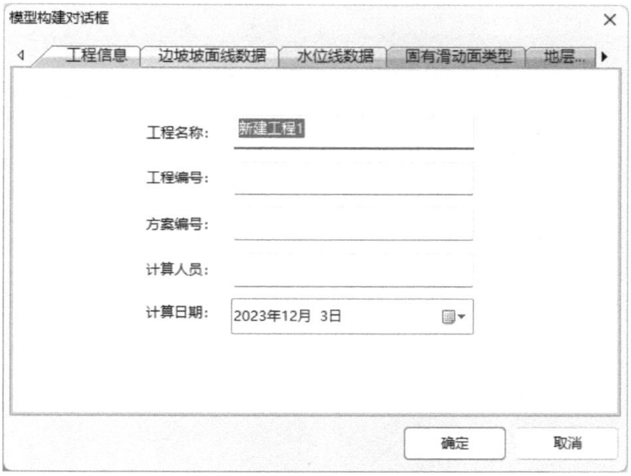

图 9.8　边坡模型构建对话框界面

"工程信息"选项中可以输入边坡工程的"工程名称""工程编号""方案
编号"，以及边坡稳定性分析"计算人员"和"计算日期"。

"边坡坡面线数据"选项主要功能是输入边坡坡面线控制点坐标数据。输
入边坡坡面线控制点个数，点击"分配"按钮，得到栢应个数的控制点数据空
间。逐一点击每个数据空间，对控制点坐标进行编辑。边坡模型构建对话框边
坡坡面线数据输入界面如图 9.9 所示。坡面线控制点自左向右编辑，且当前控
制点的 Y 值大于等于前一个控制点的 Y 值。

"水位线数据"选项主要功能是输入水位线控制点坐标数据。输入水位线
控制点个数，点击"分配"按钮，得到相应个数的控制点数据空间。逐一点击
每个数据空间，对控制点坐标进行编辑。边坡模型构建对话框水位线数据输入
界面如图 9.10 所示。

"固有滑动面类型"选项主要功能是确定滑动面的类型。"固有滑动面类
型"主要包括"无"固有滑动面类型、"前置滑动面"类型、"后置滑动面"类

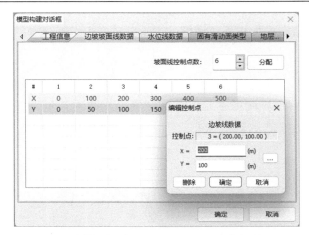

图 9.9　边坡模型构建对话框边坡坡面线数据输入界面

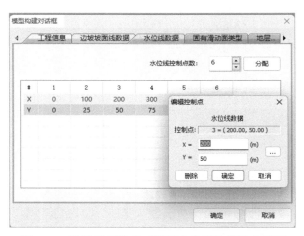

图 9.10　边坡模型构建对话框水位线数据输入界面

型和"贯通滑动面"类型。边坡模型构建对话框滑动面类型选择界面如图 9.11 所示。选择"无"固有滑动面类型时,边坡潜在滑动面可用圆弧搜索或者指定滑动面的位置(在稳定性分析模块设置);当选择"前置滑动面"("后置滑动面")类型时,滑动面剪出口(剪入口)必定沿着固有滑动面的某一位置滑出,而剪入口(剪出口)进行随机搜索,需要指定"前置滑动面"("后置滑动面")的控制点坐标数据和滑动面所处位置岩土体的物理力学参数。边坡模型构建对话框前置滑动面数据输入界面如图 9.12 所示。当选择"贯通滑动面"类型时,即认为指定了滑动面的位置,需要输入控制点的个数,点击"分配"按钮,双击数据空间输入控制点坐标数据和滑动面所处位置岩土体的物理力学参数。边坡模型构建对话框贯通滑动面数据输入界面如图 9.13 所示。

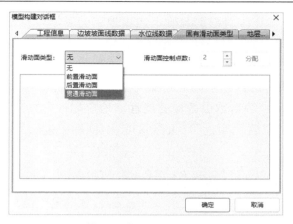

图 9.11　边坡模型构建对话框滑动面类型选择界面

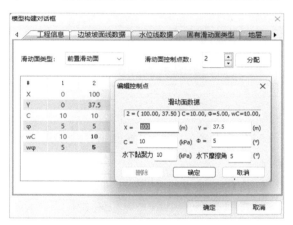

图 9.12　边坡模型构建对话框前置滑动面数据输入界面

图 9.13　边坡模型构建对话框贯通滑动面数据输入界面

　　"地层属性"选项主要功能是确定边坡地层的区域以及地层区域的物理力学参数。首先根据工程概况，输入地层区域块数，点击"分配"按钮分配相应的数据空间。边坡模型构建对话框地层属性块分配界面如图 9.14 所示。双击地层编号或编号所在行的数据空间。边坡模型构建对话框地层属性块数据输入界面如图 9.15 所示，可编辑地层区域的属性。地层属性包括地层"编号""地层名称""填充类型""填充颜色""天然重度""饱和重度""条块底面黏聚力"

图 9.14　边坡模型构建对话框地层属性块分配界面

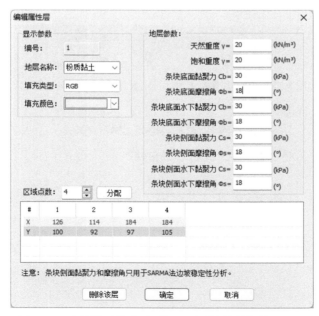

图 9.15　边坡模型构建对话框地层属性块数据输入界面

"条块底面摩擦角""条块底面水下黏聚力""条块底面水下摩擦角""条块侧面黏聚力""条块侧面摩擦角""条块侧面水下黏聚力""条块侧面水下摩擦角"和地层区域范围，地层区域范围的输入过程同"水位线数据"的输入方法类似。边坡模型构建对话框地层属性区域范围输入界面如图 9.16 所示。地层区域范围控制点坐标输入时，必须逆时针输入。

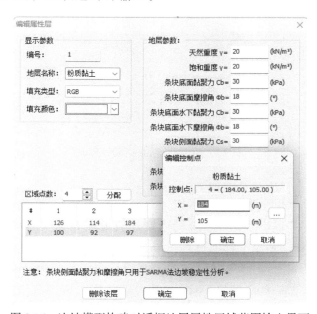

图 9.16　边坡模型构建对话框地层属性区域范围输入界面

为避免生成无效圆弧，一般情况下所建边坡高度不宜小于边坡宽度，当边坡高度低于边坡宽度时，可以适当增加所建模型最深处地层的厚度。

9.2.3　边坡几何数据模型界面

当 9.2.2 节所有模型构建所需数据输入完成之后，点击"确定"按钮，在工作区生成边坡的几何数据模型。边坡几何数据模型界面如图 9.17 所示。该几何数据模型界面主要包括标题栏、菜单栏、工具栏、活动窗口、工作区和状态栏六部分。

1. 边坡几何数据模型界面菜单栏

菜单栏除了包括"文件（F）""视图（V）"和"帮助（H）"，还包括"编辑（E）""模型（M）""分析（C）""设置（S）""工具（T）""窗口（W）"，下面逐一进行介绍。

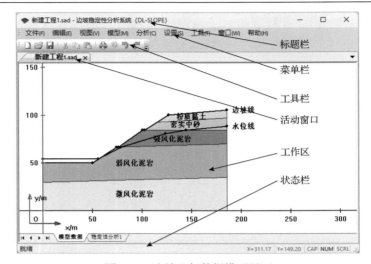

图 9.17　边坡几何数据模型界面

1)"文件(F)"下拉菜单

"文件(F)"下拉菜单中"新建(N)""载入模型(L)""打开(O)""关闭(C)""打印设置(R)""退出(X)"以及最近打开的工程等选项的功能请参照 9.2.1 节。而"导入"和"导出"选项分别可以导入和导出模型数据(.smd 文件)和计算参数(只有在保存计算参数之后，才能使用，文件类型为.cpf 文件)，模型数据是指模型构建过程中的所有数据，计算参数是指边坡进行稳定性分析时的相关参数。边坡几何数据模型界面"文件(F)"下拉菜单如图 9.18 所示。

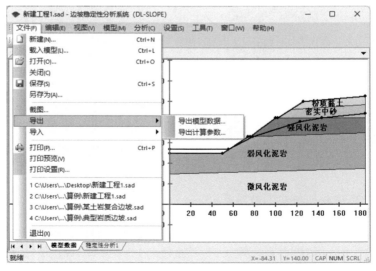

图 9.18　边坡几何数据模型界面"文件(F)"下拉菜单

2）"编辑（E）"下拉菜单

"编辑（E）"下拉菜单主要功能是对模型数据的编辑，包括"撤销（U）""重做""剪切（I）""复制（C）""粘贴（P）"等选项。边坡几何数据模型界面"编辑（E）"下拉菜单如图 9.19 所示。

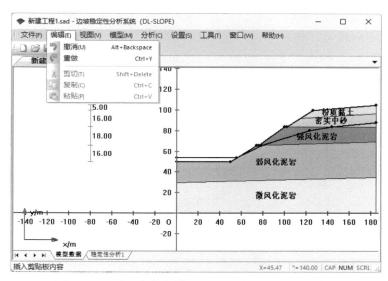

图 9.19 边坡几何数据模型界面"编辑（E）"下拉菜单

3）"视图（V）"下拉菜单

"视图（V）"下拉菜单的主要作用是对应用程序"工具栏和停靠窗口（T）""状态栏（S）"和"应用程序外观（A）"进行设置，如图 9.6 所示。此处"视图（V）"下拉菜单相对于主界面的"视图（V）"下拉菜单增加了一项"最佳视图"，该选项的功能是使几何模型数据图显示在最佳位置，此外点击视图中"属性"处于激活状态，可锁定停靠窗口位置，可对边坡几何模型数据进行再编辑。边坡几何数据模型界面"视图（V）"下拉菜单如图 9.20 所示。

4）"模型（M）"下拉菜单

"模型（M）"下拉菜单主要功能是对模型数据进行编辑，包括"新增边坡点""新增水位点""新增滑动面点""新增属性块""导入数据模型""导出数据模型"和"设为模板模型"七个选项。边坡几何数据模型界面"模型（M）"下拉菜单如图 9.21 所示。点击"新增边坡点""新增水位点""新增滑动面点"，默认在模型数据工作区域内最后一次右键点击所在处生成新的边坡点、水位点、滑动面点。新生成的边坡点、水位点、滑动面点，与添加新点之前的最后一个边坡点、水位点、滑动面点自动连接。在构建模型时，如果选择了"无"固有滑动面类型，则无法添加新的滑动面点，强制添加会给出错误提示。边坡几何数据模型界面添加滑动面点错误提示如图 9.22 所示。点击"新增属性块"时，围绕在模型数据工作区域内最后一次右键点击处生成边长为 200m 的方形区域，可双击对其进行编辑。"导入数据模型"和"导出数据模型"的功能和"文件(F)"下拉菜单中的"导入数据模型"和"导出数据模型"功能相同。点击"设为模板模型"，当前模型数据文件会保存为模型数据默认模板(DefTemp.smd)。

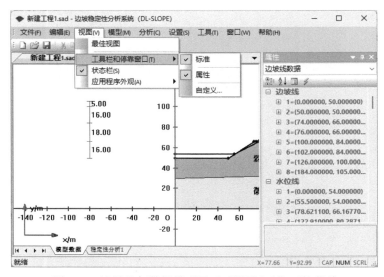

图 9.20　边坡几何数据模型界面"视图(V)"下拉菜单

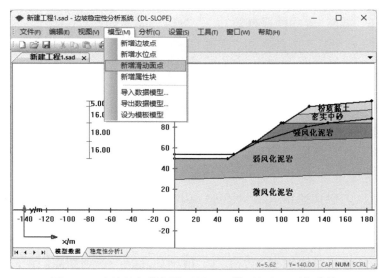

图 9.21　边坡几何数据模型界面"模型(M)"下拉菜单

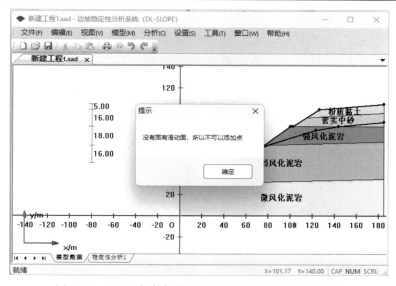

图 9.22　边坡几何数据模型界面添加滑动面点错误提示

5）"分析（C）"下拉菜单

"分析（C）"下拉菜单中包括"稳定性分析""敏感性分析""可靠性分析"和"下滑推力计算"四个部分。边坡几何数据模型界面"分析（C）"下拉菜单如图 9.23 所示。

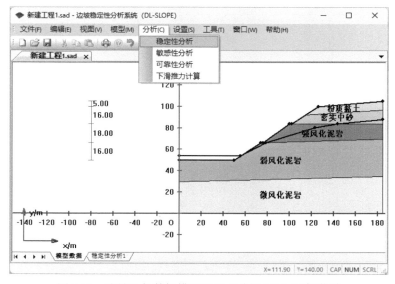

图 9.23　边坡几何数据模型界面"分析（C）"下拉菜单

6)"设置(S)"下拉菜单

"设置(S)"下拉菜单主要功能包括基本界面设置和图形显示设置。基本界面设置主要包括图形背景颜色设置(工程信息显隐设置、界面背景颜色设置)、图形背景网格设置(网格线的显隐设置、网格线颜色设置、网格线间距设置)和界面直角坐标轴显示设置(轴线刻度显隐设置、刻度间隔间距设置、坡高和坡宽线距离设置)三个部分。边坡几何数据模型基本界面设置如图 9.24 所示。图形显示设置主要包括图形数据线颜色设置和边坡稳定性分析结果颜色设置。边坡几何数据模型界面图形显示设置如图 9.25 所示。

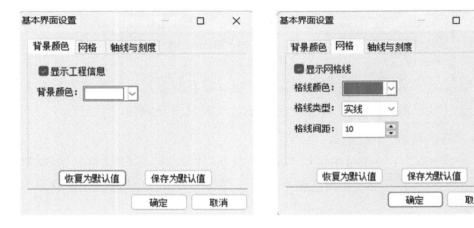

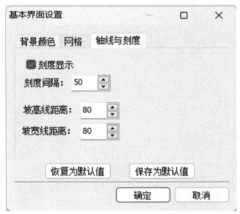

图 9.24　边坡几何数据模型基本界面设置

7)"工具(T)"下拉菜单

"工具(T)"下拉菜单包括"图片查看器""计算器""画图""截屏"四项工具。边坡几何数据模型界面"工具(T)"下拉菜单如图 9.26 所示,四项工具均为 Windows 系统内置工具，DL-SLOPE V1.0 软件可直接调用。

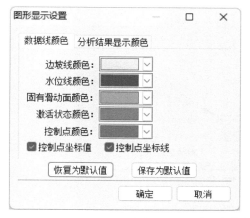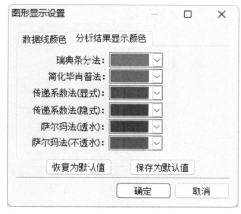

图 9.25　边坡几何数据模型界面图形显示设置

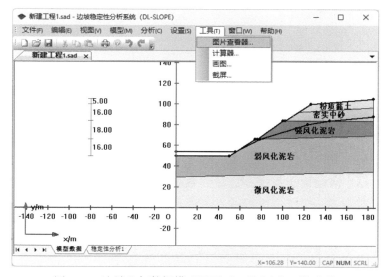

图 9.26　边坡几何数据模型界面"工具(T)"下拉菜单

8)"窗口(W)"下拉菜单

"窗口(W)"下拉菜单包括打开的所有工程。边坡几何数据模型界面"窗口(W)"下拉菜单如图 9.27 所示。打开的工程全部在"窗口(W)"下拉菜单中。其中新建窗口是新建一个工程，新建工程与当前激活的工程相同。

9)"帮助(H)"下拉菜单

"帮助(H)"下拉菜单主要包括软件程序的版权和软件特点两项内容，与主界面的"帮助(H)"下拉菜单相同。

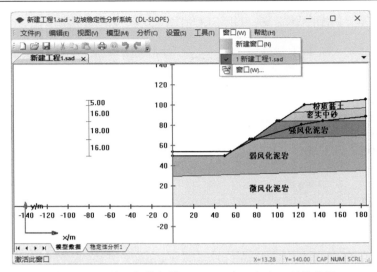

图 9.27　边坡几何数据模型界面"窗口（W）"下拉菜单

2. 边坡几何数据模型界面工作区

边坡几何数据模型界面工作区的主要功能包括几何模型数据图形的显示与再编辑功能、工程信息活动窗口的显示与再编辑功能。

1）几何模型数据图形的显示与再编辑功能

几何模型数据图形的显示功能显而易见，其再编辑功能是对现有几何模型数据进行添加、删除、更改等。几何模型数据包括边坡线数据、水位线数据、地层属性数据、滑动面类型等。边坡线数据的再编辑功能是通过改变边坡线控制点的数据实现的。双击边坡线或右击边坡线（选择新增边坡点）在点击位置添加一个边坡点，新增边坡点自动与前后两个控制点自动连接，同样如果在工作区非边坡线区域右击鼠标，选择新增边坡点，则在右击处添加一个边坡点，并且该点自动与最后一个边坡点自动连接，添加边坡点的弹出窗口是相同的。新增边坡线数据控制点对话框如图 9.28 所示。双击边坡线控制点，对边坡线控制点数据进行更改，或者选择删除按钮，删除该控制点，删除该点后，其前面和后面控制点自动连接，删除与更改边坡线控制点数据的弹出窗口是相同的。删除与更改边坡线数据控制点对话框如图 9.29 所示。

水位线数据的再编辑功能是通过改变水位线控制点的数据实现的。其具体操作过程与边坡线数据再编辑的操作过程相同。

地层属性数据的再编辑功能是通过改变地层属性各项参数的数据实现的。在工作区内右击鼠标，点击"添加属性块"，默认在围绕右击点生成边长为 200m 的方形区域。双击"地层属性块"，对该地层属性各项参数进行更改，或者选择删除按钮，删除该属性块。更改地层属性参数与删除属性块对话框如图 9.30 所示。

　2）工程信息活动窗口的显示与再编辑功能

　工程信息活动窗口的显隐功能在"基本界面设置"中实现，当工程信息活动窗口处于显示状态时，可以将该活动窗口放置在工作区任意位置。其再编辑

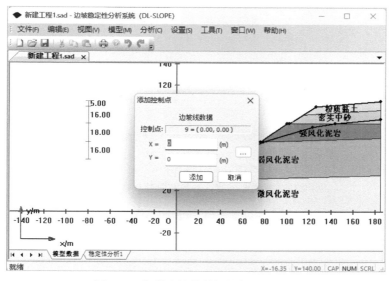

图 9.28　新增边坡线数据控制点对话框

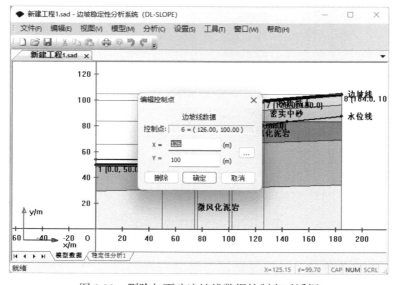

图 9.29　删除与更改边坡线数据控制点对话框

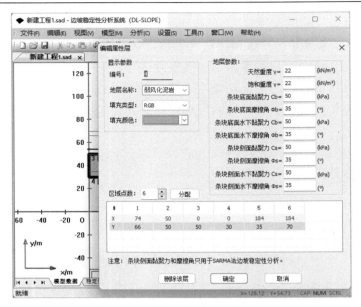

图 9.30　更改地层属性参数与删除属性块对话框

功能是通过双击"工程信息活动"窗口，修改工程信息实现的。工程信息再编辑对话框如图 9.31 所示。

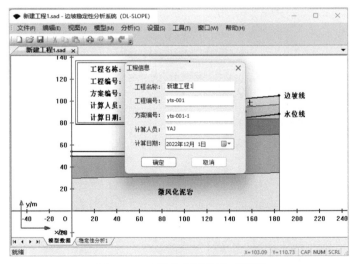

图 9.31　工程信息再编辑对话框

9.2.4　边坡稳定性分析

点击菜单栏"分析(C)"选项，选择稳定性分析，进入稳定性分析视图界面，该视图界面包括标题栏、菜单栏、工具栏、活动窗口、分析结果显示区、导向栏和状态栏。边坡稳定性分析视图界面如图 9.32 所示。标题栏、菜单栏、工具栏、活动窗口和状态栏的功能没有改变。分析结果显示区的主要功能是显示工程信息、边坡线、水位线所处位置、边坡的受力情况以及边坡稳定性分析结果。边坡稳定性分析视图界面分析结果显示区示意图如图 9.33 所示。

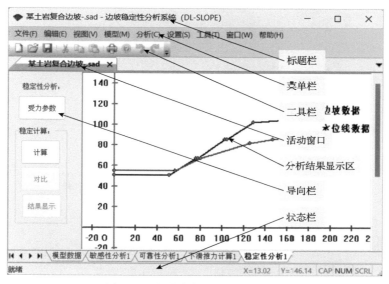

图 9.32　边坡稳定性分析视图界面

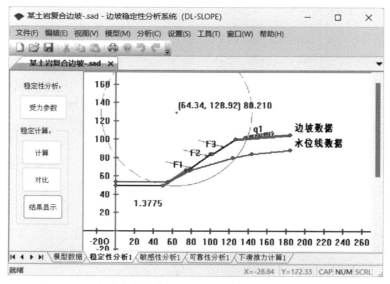

图 9.33　边坡稳定性分析视图界面分析结果显示区示意图

　　导向栏主要包括边坡受力参数设置、边坡稳定性分析计算设置、不同计算方法计算结果对比、计算结果显示、计算参数的载入、计算参数的保存、计算参数的删除以及输出计算结果报表。边坡稳定性分析受力参数设置如图 9.34 所示。

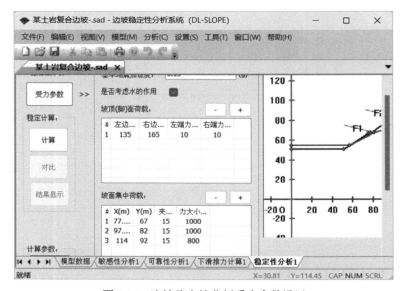

图 9.34　边坡稳定性分析受力参数设置

1. 受力参数设置

　　受力参数设置主要包括地震荷载、坡顶(脚)面荷载、坡面集中荷载、土工布或土工格栅作用的赋值。

　　(1)当分析边坡稳定性考虑地震荷载的影响时,需确定边坡所在地区的设防烈度,在水平地震加速度中输入相应的设计基本地震加速度值。

　　(2)当边坡坡顶(脚)分布有堆载或者地表水时,可以将其折算成相应的面荷载进行赋值,须确定荷载的起止点 x 坐标以及起止点的荷载值。

　　(3)当对边坡采取设置锚索加固措施,即在边坡坡面上作用有集中荷载时,坡面集中荷载的赋值需要确定锚索的作用位置、锚索的倾斜角度以及锚索加固力的大小。

　　(4)当边坡为填方边坡,且在土体中设有土工布或土工格栅,即形成加筋土时,需要将每一层筋材全部加在边坡上。确定筋材的起始点(确定每层的筋材的坐标 y 值,坐标 x 值会自动赋值)、筋材的长度、筋材与水平面的夹角、筋材的覆盖率、筋材与土体的摩擦系数、筋材的设计抗拉强度、筋材的非线性效应系数、筋材的抗拔稳定性系数、机械破坏影响系数、筋材蠕变影响系数、化学破坏影响系数、生物破坏影响系数。为了方便输入，输入当前筋材参数时会自动与上一层筋材的所有参数相同。

2. 稳定性分析计算设置

稳定性分析计算设置主要包括边坡稳定性计算方法的选取、确定边坡剪入口和剪出口的搜索范围、指定滑动面的搜索方法和边坡条块划分设置。

(1)边坡稳定性计算方法共有六种，当不存在固有结构滑动面时，可以利用任何一种方法计算边坡的稳定性；当边坡滑动面存在固有结构滑动面时，瑞典条分法和简化毕肖普法处于不可用状态。无固有结构滑动面的计算方法选取如图 9.35 所示。存在固有结构滑动面的计算方法选取如图 9.36 所示。

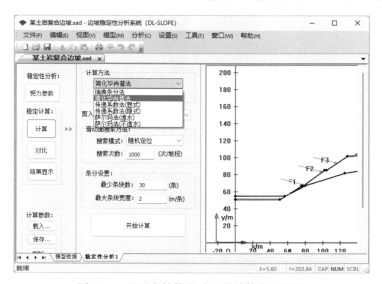

图 9.35　无固有结构滑动面的计算方法选取

(2)在默认状态下，剪入口和剪出口的搜索范围属于全局搜索。但是为了获得较好的计算结果并节省计算时间，可以人为指定剪入口和剪出口的搜索范围。边坡坡面线数据是由边坡坡面线控制点确定的，其相邻的两个点连线即为一个坡段，如边坡坡面线的控制点为 8 个，那么坡段数为 7 个。对于无固有结构滑动面情况，人为指定剪入口和剪出口的搜索范围，剪入口的坡段必须大于剪出口的坡段。当存在前置型结构滑动面时，剪入口的坡段必须大于前置滑动

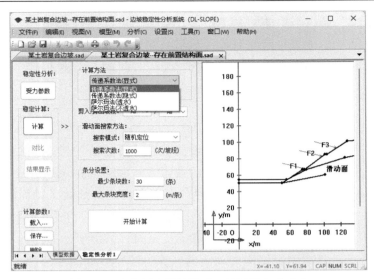

图 9.36　存在固有结构滑动面的计算方法选取

面所在坡段，剪出口不必再人为指定搜索范围。当存在后置型结构滑动面时，
剪入口不必人为指定搜索范围，同时剪出口指定坡段必须小于后置滑动面所在
坡段。当边坡滑动面为贯通型时，剪入口和剪出口的搜索范围均不必人为指定。
当指定错误时，会有相应的错误提示。剪入口搜索范围指定错误如图 9.37 所示。
剪出口搜索范围指定错误如图 9.38 所示。

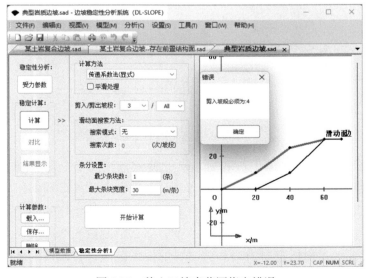

图 9.37　剪入口搜索范围指定错误

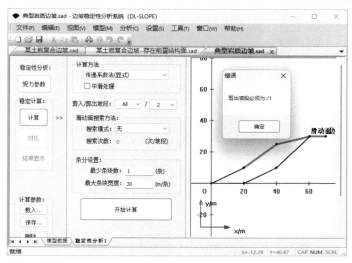

图 9.38　剪出口搜索范围指定错误

（3）指定滑动面的搜索方法主要包括两项内容：滑动面的搜索模式和滑动面的搜索次数。无固有结构滑动面搜索方法如图 9.39 所示。

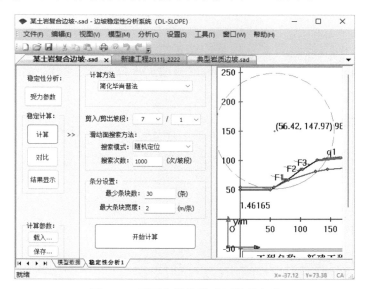

图 9.39　无固有结构滑动面搜索方法

①当滑动面为无固有结构滑面时，滑动面的搜索模式包括"随机定位"和"指定圆心-半径"两种。随机定位是指随机搜索滑动面的位置，人为指定随机搜索次数（建议 1000 次左右，搜索次数总数不宜大于 30000 次。当程序出现

无法运算时，应适当减少搜索次数或增大条块宽度），得到边坡最危险滑动面的位置，如图 9.39 所示。指定圆心-半径是指人为指定边坡滑动面的位置，输入边坡滑动圆弧的圆心和半径。指定圆弧滑动面位置如图 9.40 所示。

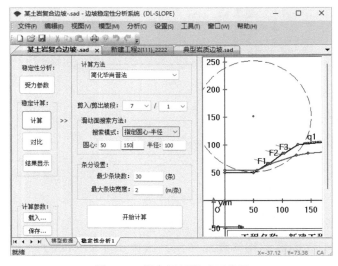

图 9.40 指定圆弧滑动面位置

②当滑动面存在前置型或后置型结构滑动面时，滑动面的搜索模式只有随机定位，指定搜索次数，得到边坡最危险滑动面的位置。前置（后置）型结构滑动面搜索方法如图 9.41 所示。

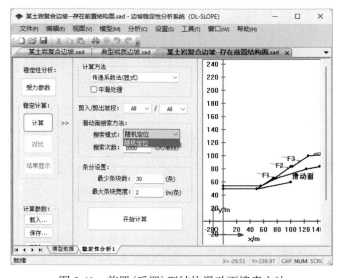

图 9.41 前置（后置）型结构滑动面搜索方法

③当滑动面为贯通型结构滑动面时，滑动面的搜索模式为"无"。贯通型结构滑动面搜索方法如图 9.42 所示。

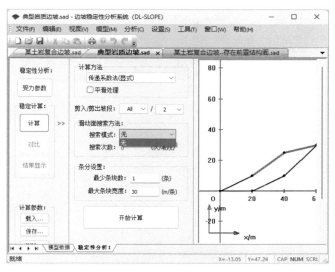

图 9.42　贯通型结构滑动面搜索方法

(4) 边坡条块划分设置根据实际情况进行，最少划分条块数缺省值为 30 块，最大条块宽度缺省值为 2.0m。

(5) 点击"开始计算"按钮，开始计算，计算完毕之后在"分析结果显示区"中输出计算结果和滑动面位置。计算结果输出示意图如图 9.43 所示。

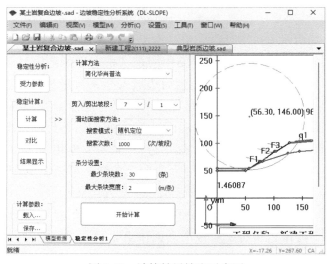

图 9.43　计算结果输出示意图

（6）计算结束之后，点击菜单栏"文件（F）"，选择保存，弹出保存工程对话框。"保存"工程对话框如图9.44所示。指定文件存储目录，命名文件名称，单击"保存"按钮，完成保存过程。

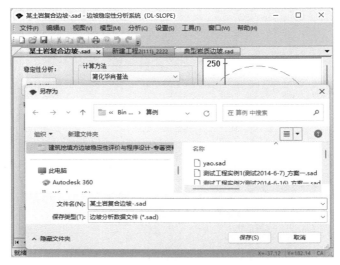

图9.44　"保存"工程对话框

3. 计算结果显示

在未进行边坡稳定性分析时，"结果显示"选项处于灰色不可用状态，当边坡稳定性分析结束时，"结果显示"选项处于可用状态。点击"结果显示"选项，可以看到结果显示设置主要为操作对象的设置。边坡稳定性分析结果显示设置如图9.45所示。操作对象即单一滑动面或者多个滑动面。操作对象包括五项内容："剪入/剪出坡段"，其主要作用是"指定显示范围"；"显示 F_s 最小值"，其主要作用是显示当前全局搜索后边坡安全系数最小的圆弧；"显示指定坡段全部 F_s 极小值"，其主要作用是显示两个平台间搜索得到的边坡安全系数最小的圆弧；"显示指定坡段全部滑动面"，其主要作用是显示"剪入/剪出坡段"指定平台的所有滑动面；"显示滑动面信息"，其主要作用是可以"显示指定坡段全部滑动面"中任意一条，点击向上或向下按钮，可以浏览所有圆弧滑动面的状态和信息。

"滑动面"标签主要反映当前选中圆弧滑动面的信息，包括该滑动面的安全系数、剪入口/剪出口坐标、圆弧滑动面中点坐标、圆弧滑动面圆心坐标、圆弧滑动面半径等。

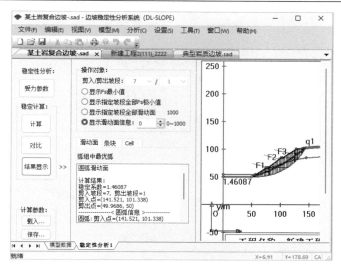

图 9.45　边坡稳定性分析结果显示设置

"条块"标签可以查看当前选中滑动面的条块详细信息，包括每个条块的顶点坐标、条块的宽度、条块的重心、条块底滑面与水平面的夹角、条块所处位置的地下水位情况、条块的自重以及所承受的外荷载等。滑动面条块划分详细信息如图 9.46 所示。

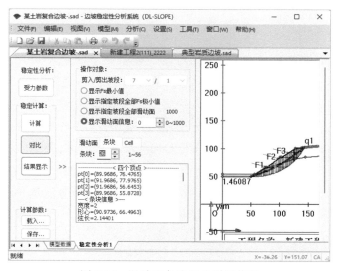

图 9.46　滑动面条块划分详细信息

"Cell"标签可以查看当前选中条块在某一地层中的详细信息，具体包括条块在该层中的自重、条块在该层中的重心、条块在该层中的重度、条块在该层中的面积等。滑动面条块在某一地层中的详细信息如图 9.47 所示。

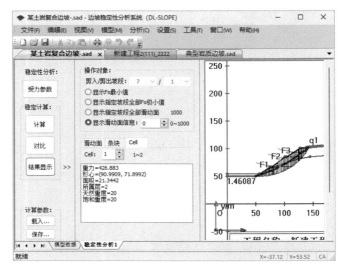

图 9.47　滑动面条块在某一地层中的详细信息

当滑动面为前置型或后置型结构滑动面时，其结果显示和圆弧滑动面相同。当滑动面为贯通型结构滑动面时，只有一条滑动面，只能查看此条滑动面的详细信息。

4. 计算结果对比

在未进行边坡稳定性分析时，"对比"选项处于灰色不可用状态，当边坡稳定性分析结束时，"对比"选项处于可用状态。对比选项主要设置为：选择边坡稳定性分析方法进行计算，并将计算结果显示在分析结果显示区中。"清理"按钮是取消本种计算方法与其他方法进行对比，同时也会删除分析结果显示区中对应的计算结果。当滑动面为无固有结构滑动面时，六种计算方法均可参与对比计算。无固有结构滑动面边坡稳定性分析计算结果对比如图 9.48 所示。当滑动面存在固有结构滑动面时，瑞典条分法和简化毕肖普法不可参与对比计算。存在固有结构滑动面边坡稳定性分析计算结果对比如图 9.49 所示。

5. 计算参数管理设置

计算参数指边坡稳定性计算过程中所需要的受力参数。计算参数管理设置包括计算参数的保存、计算参数的载入、计算参数的删除。

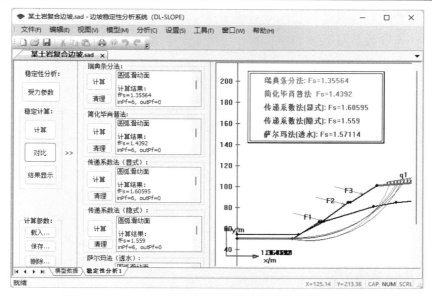

图 9.48　无固有结构滑动面边坡稳定性分析计算结果对比

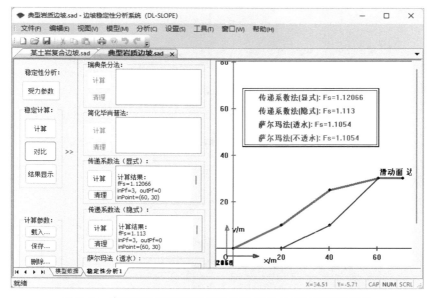

图 9.49　存在固有结构滑动面边坡稳定性分析计算结果对比

（1）点击计算参数"保存"按钮，出现计算参数保存对话框。边坡稳定性分析计算参数保存对话框如图 9.50 所示。重命名计算参数名称，点击"保存"按钮，文件被保存在当前工程中，完成计算参数保存步骤。

（2）点击计算参数"载入"按钮，出现计算参数载入对话框。边坡稳定性分析计算参数载入对话框如图 9.51 所示。选择需要的计算参数，点击"载入"按钮，计算参数被载入到当前工程中，完成计算参数载入步骤。

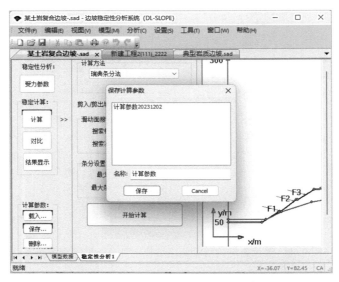

图 9.50　计算参数保存对话框

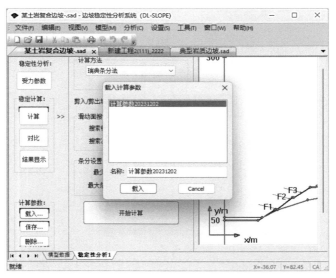

图 9.51　计算参数载入对话框

（3）点击计算参数"删除"按钮，出现计算参数删除对话框。边坡稳定性分析计算参数删除对话框如图 9.52 所示。选择需删除的计算参数，点击"删除"按钮，当前计算参数被删除，完成计算参数删除步骤。

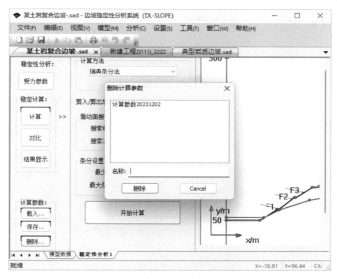

图 9.52　计算参数删除对话框

6. 输出计算结果报表

　　点击"输出报表"按钮，打开输出计算结果报表对话框。输出计算结果报表对话框如图 9.53 所示。设置保存路径，命名报表名称，点击"保存"按钮，输出一个以工程名命名的 Word 文档。

图 9.53　输出计算结果报表对话框

9.2.5　边坡敏感性分析

点击菜单栏"分析(C)"选项，选择敏感性分析，进入敏感性分析视图界面，该视图界面包括标题栏、菜单栏、工具栏、活动窗口、分析结果显示区、导向栏和状态栏。边坡敏感性分析视图界面如图 9.54 所示。标题栏、菜单栏、工具栏、活动窗口和状态栏的功能没有改变。分析结果显示区的主要功能是显示敏感性分析结果。

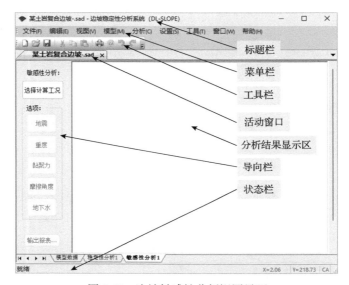

图 9.54　边坡敏感性分析视图界面

导向栏主要包括"选择计算工况"设置、地震敏感性分析、重度敏感性分析、黏聚力敏感性分析、摩擦角度敏感性分析、地下水敏感性分析、输出报表。下面逐一进行介绍。

1. 选择计算工况设置

点击"选择计算工况"按钮，进入选择计算工况设置界面。边坡稳态敏感性分析计算工况设置界面如图 9.55 所示。点击"刷新"按钮，出现"稳定性分析 1"和"稳定性分析 2"。刷新提取不同稳定性分析计算工况如图 9.56 所示。原因是针对新建工程 1 做了两次稳定性分析，如图 9.56 中状态栏所示。可见该软件对同一工程的不同稳定性分析计算工况进行敏感性分析是非常方便的。

图 9.55　边坡稳态敏感性分析计算工况设置界面

图 9.56　刷新提取不同稳定性分析计算工况

　　选定一种稳定性分析计算工况，并点击"保存当前值"按钮，提取该边坡稳定性分析计算工况相关的所有数据，为敏感性分析做准备。这些数据包括滑面信息、条块划分设置信息、是否考虑地下水的影响、坡顶(脚)面荷载信息、坡面集中荷载信息、土工布信息、是否考虑地震的影响等；点击"保存当前值"按钮后，"地震""重度""黏聚力""摩擦角度""地下水"敏感性分析按钮被激活。提取选中稳定性分析计算工况相关数据如图 9.57 所示。

图 9.57　提取选中稳定性分析计算工况相关数据

2. 地震敏感性分析

　　点击"地震"按钮，进入地震敏感性设置界面。输入水平地震加速度"起始值""结束值"和"等分数"。点击"开始计算"按钮，开始边坡稳态对地震的敏感性分析，并在"分析结果显示区"生成分析结果图。边坡稳态对地震的敏感性分析如图 9.58 所示。

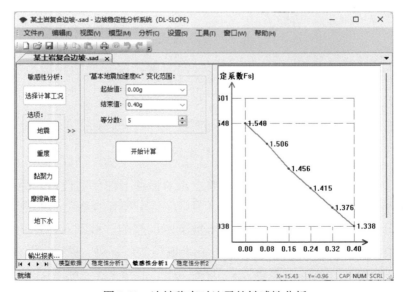

图 9.58　边坡稳态对地震的敏感性分析

3. 重度敏感性分析

点击"重度"按钮，进入重度敏感性设置界面。"指定地层"即指定所要进行重度敏感性分析的地层。然后输入重度"起始值"和"结束值"，并输入相应的变化范围内的"等分数"。点击"开始计算"按钮，开始边坡稳态对指定岩土体重度的敏感性分析，并在"分析结果显示区"生成分析结果图。边坡稳态对岩土体重度的敏感性分析如图 9.59 所示。

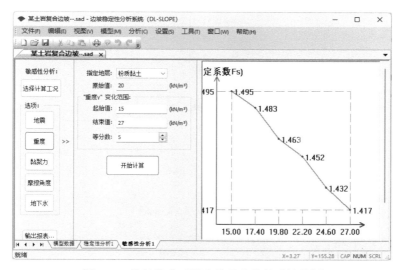

图 9.59　边坡稳态对岩土体重度的敏感性分析

4. 黏聚力敏感性分析

点击"黏聚力"按钮，进入黏聚力敏感性设置界面。"指定地层"即指定所要进行黏聚力敏感性分析的地层。然后输入黏聚力"起始值"和"结束值"，并输入相应的变化范围内的"等分数"。点击"开始计算"按钮，开始边坡稳态对指定地层黏聚力的敏感性分析，并在"分析结果显示区"生成分析结果图。边坡稳态对岩土体黏聚力的敏感性分析如图 9.60 所示。

5. 摩擦角度敏感性分析

摩擦角度敏感性分析指边坡稳态对岩土体内摩擦角的敏感性分析。点击"摩擦角度"按钮，进入内摩擦角敏感性设置界面。"指定地层"即指定所要进行内摩擦角敏感性分析的地层。然后输入内摩擦角"起始值"和"结束值"，并输入相应的变化范围内的"等分数"。点击"开始计算"按钮，开始边坡稳态对指定地层内摩擦角的敏感性分析，并在"分析结果显示区"生成分析结果图。边坡稳态对岩土体内摩擦角的敏感性分析如图 9.61 所示。

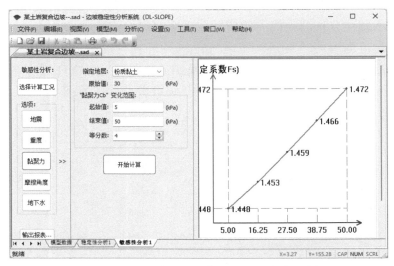

图 9.60　边坡稳态对岩土体黏聚力的敏感性分析

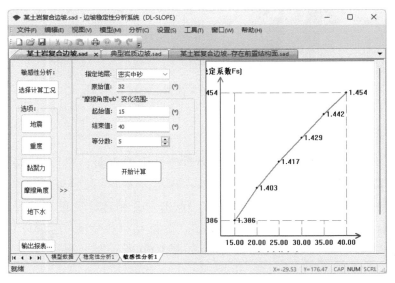

图 9.61　边坡稳态对岩土体内摩擦角的敏感性分析

6. 地下水敏感性分析

点击"地下水"按钮，进入地下水敏感性设置界面，该设置界面包括"导入水位工况"按钮、"导出水位工况"按钮、"开始计算"按钮和"水位工况显示区"。边坡稳态对地下水的敏感性分析如图 9.62 所示。

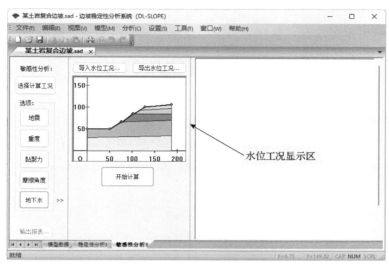

图 9.62　边坡稳态对地下水的敏感性分析

双击"水位工况显示区"任意位置，弹出"水位线编辑窗"。水位敏感性分析水位线编辑窗口如图 9.63 所示。"水位线编辑窗"由水位工况生成区和水

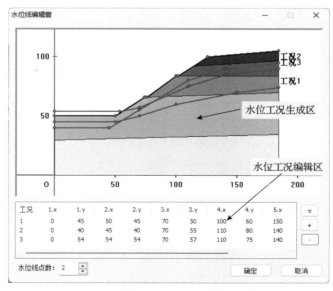

图 9.63　水位敏感性分析水位线编辑窗口

位工况编辑区两部分组成，水位工况生成区随着水位工况编辑区数据的变化而变化。在水位工况编辑区内可以任意添加或删除水位工况：①添加水位工况时，输入"水位线点数"，点击"+"按钮，在水位工况编辑区内分配相应的数据空间，然后编辑水位控制点坐标，当需要调用边坡几何模型数据中水位数据时，点击"☆"按钮将数据自动添加到水位工况编辑区；②删除水位工况时，选中相应的水位线数据，点击"－"按钮。当水位工况编辑完成后，点击"确定"按钮，将水位工况生成区的图形显示在水位工况显示区内。

点击"导出水位工况"按钮，弹出导出水位工况数据文件窗口，指定导出文件存储目录位置和文件名称，然后点击"确定"按钮将所有水位工况数据导出。导出水位工况窗口如图 9.64 所示。水位工况数据为.pwd 文件。

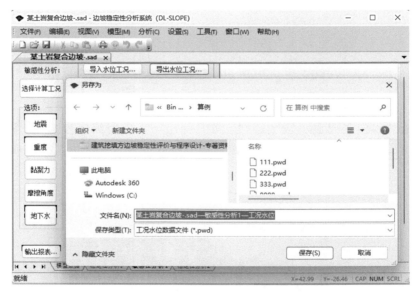

图 9.64　导出水位工况窗口

点击"导入水位工况"按钮，弹出导入水位工况数据文件窗口，指定导入文件存储目录位置和文件名称，找到需要导入的水位工况数据文件（.pwd 文件）。然后点击"确定"按钮将水位工况数据导入。导入水位工况窗口如图 9.65 所示。

当水位工况确定之后，点击"开始计算"按钮，即开始边坡稳态对地下水的敏感性分析。分析结果将以柱状图的形式显示在"分析结果显示区"内。边坡稳态对地下水的敏感性分析如图 9.66 所示。

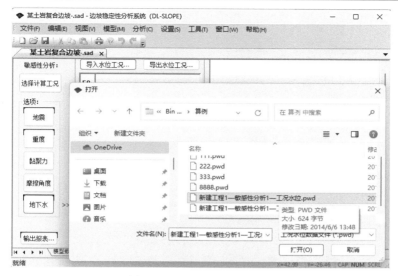

图 9.65　导入水位工况窗口

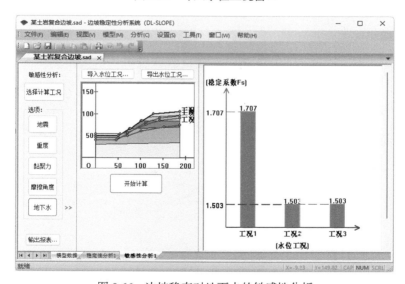

图 9.66　边坡稳态对地下水的敏感性分析

7. 输出敏感性分析结果报表

点击"输出报表"按钮，打开敏感性分析结果报表输出对话框。边坡稳态敏感性分析输出报表如图 9.67 所示。设置保存路径，命名报表名称，点击"保存"按钮，输出一个敏感性分析 Word 文档。

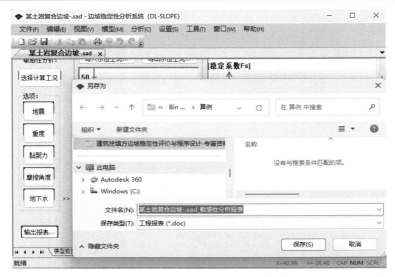

图 9.67　边坡稳态敏感性分析输出报表

9.2.6　边坡可靠性分析

　　点击菜单栏"分析(C)"选项，选择可靠性分析，进入可靠性分析视图界面，该视图界面包括标题栏、菜单栏、工具栏、活动窗口、分析结果显示区、导向栏和状态栏。边坡可靠性分析视图界面如图 9.68 所示。标题栏、菜单栏、工具栏、活动窗口和状态栏的功能没有改变。分析结果显示区的主要功能是显

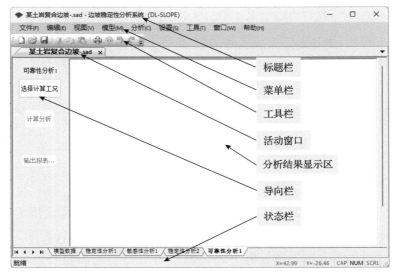

图 9.68　边坡可靠性分析视图界面

示可靠性分析结果。

　　导向栏主要包括"选择计算工况""计算分析"和"输出报表"。点击"选择计算工况"按钮，进入选择计算工况设置界面。边坡稳态可靠性分析计算工况设置界面如图 9.69 所示。点击"刷新"按钮（其功能和敏感性分析的"刷新"按钮相同），选择一种稳定性分析计算工况，点击"保存当前值"按钮，提取该稳定性分析计算工况相关的所有数据。点击"保存当前值"按钮后，"计算分析"按钮被激活。提取选中稳定性分析计算工况相关数据如图 9.70 所示。

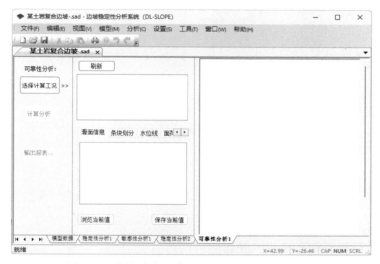

图 9.69　边坡稳态可靠性分析计算工况设置界面

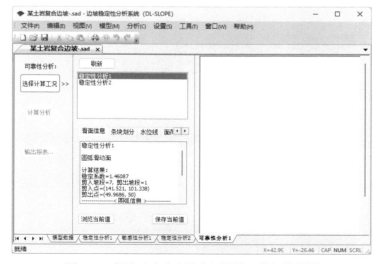

图 9.70　提取选中稳定性分析计算工况相关数据

点击"计算分析"按钮，进入"计算分析"设置窗口。边坡可靠性计算分析设置窗口如图 9.71 所示。"计算分析"设置窗口，包含"随机参数确定"和"随机试验次数"两项内容。"随机参数确定"中需要输入各土层岩土体重度、黏聚力、内摩擦角的均值和标准差，然后输入"随机试验次数"(不宜小于 5000 次)。

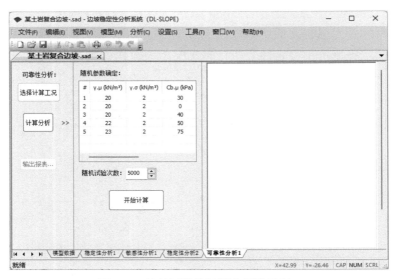

图 9.71　边坡可靠性计算分析设置窗口

点击"开始计算"按钮，开始边坡的可靠性分析，结束之后，在"分析结果显示区"和"开始计算"按钮下面均输出相应的计算结果。边坡可靠性分析结果如图 9.72 所示。

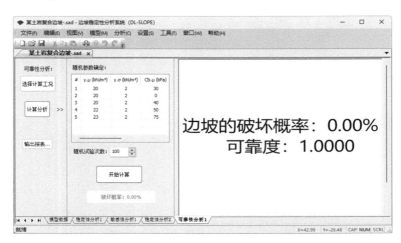

图 9.72　边坡可靠性分析结果

点击"输出报表"按钮,打开可靠性分析结果报表输出对话框。边坡可靠性分析结果输出如图 9.73 所示。设置保存文件的保存路径,并命名保存文件的名称,点击"保存"按钮,输出一个可靠性分析 Word 文档。

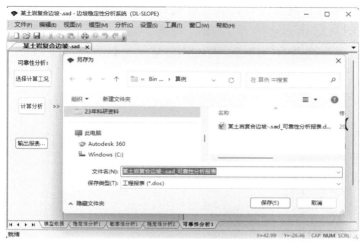

图 9.73　边坡可靠性分析结果输出

9.2.7　下滑推力计算分析

点击菜单栏"分析(C)"选项,选择下滑推力计算,进入下滑推力计算视图界面,该视图界面包括标题栏、菜单栏、工具栏、活动窗口、分析结果显示区、导向栏和状态栏。边坡下滑推力计算分析视图界面如图 9.74 所示。标题栏、

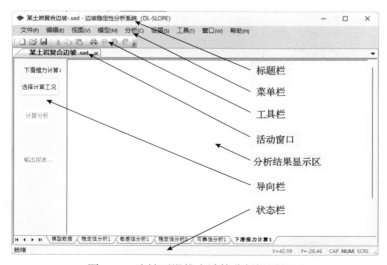

图 9.74　边坡下滑推力计算分析视图界面

菜单栏、工具栏、活动窗口和状态栏的功能没有改变。分析结果显示区的主要功能是显示分析结果。

　　左侧导向栏包括"选择计算工况""计算分析"和"输出报表"。点击"选择计算工况"按钮，进入选择计算工况设置界面。边坡稳态下滑推力计算工况设置界面如图 9.75 所示。单击"刷新"按钮，选择一种滑动面稳定性分析计算工况，点击"保存当前值"按钮，提取该稳定性分析计算工况相关的所有数据。点击"保存当前值"按钮后，"计算分析"按钮被激活。提取选中稳定性分析计算工况相关数据如图 9.76 所示。

图 9.75　边坡稳态下滑推力计算工况设置界面

图 9.76　提取选中稳定性分析计算工况相关数据

点击"计算分析"按钮，进入"计算分析"设置窗口。边坡下滑推力计算设置窗口如图 9.77 所示。在"计算分析"设置窗口，输入"设计安全系数"。

图 9.77　边坡下滑推力计算设置窗口

点击"开始计算"按钮，开始边坡的下滑推力计算分析。计算结束之后，在"分析结果显示区"输出计算结果。边坡下滑推力计算结果如图 9.78 所示。

图 9.78　边坡下滑推力计算结果

点击"输出报表"按钮，打开下滑推力计算结果输出报表对话框。边坡下滑推力计算结果输出如图 9.79 所示。设置保存路径，命名报表名称，点击"保存"按钮，输出下滑推力计算结果分析 Word 文档。

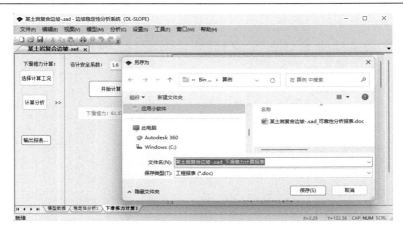

图 9.79　边坡下滑推力计算结果输出

第10章 边坡稳定性分析实例与软件验证

10.1 边坡工程实例分析(一)

实例 1 为均质边坡。岩土体的重度为 20kN/m³，黏聚力为 3kN/m²，内摩擦角为 19.6°。该算例经多次稳定性计算分析，得到边坡稳定系数计算结果为 1.0，该值作为比较基准。实例 1 边坡形态与几何参数如图 10.1 所示。

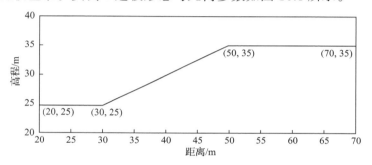

图 10.1 实例 1 边坡形态与几何参数示意图

本书采用 DL-SLOPE V1.0 软件对其进行稳定性分析，分别采用瑞典条分法、简化毕肖普法、传递系数法(显式)、传递系数法(隐式)、萨尔玛法(透水)和萨尔玛法(不透水)等计算方法。实例 1 计算结果如图 10.2 所示。

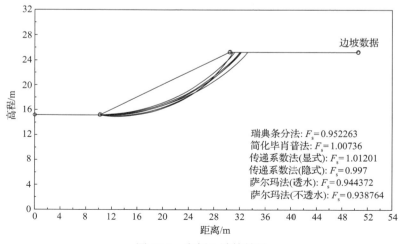

瑞典条分法: F_s=0.952263
简化毕肖普法: F_s=1.00736
传递系数法(显式): F_s=1.01201
传递系数法(隐式): F_s=0.997
萨尔玛法(透水): F_s=0.944372
萨尔玛法(不透水): F_s=0.938764

图 10.2 实例 1 计算结果

为了验证瑞典条分法和简化毕肖普法的可靠性，针对此两种方法，对该边坡进行 30 次的稳定性分析计算。实例 1 计算结果如表 10.1 所示。

表 10.1　实例 1 计算结果

分析方法	均值	平方差	变异系数	最大值	最小值	误差范围/%
瑞典条分法	0.943778	0.002117	0.002243	0.945477	0.942299	6
简化毕肖普法	0.997441	0.004796	0.004808	1.005770	0.993906	1

计算结果显示应用 DL-SLOPE V1.0 边坡软件评价系统，采用简化毕肖普法计算得到的稳定系数和基准计算结果 1.0 非常接近，误差在 1.0%范围内。瑞典条分法计算结果偏于保守。

10.2　边坡工程实例分析(二)

实例 2 为非均质边坡。岩土体物理力学参数如表 10.2 所示。该算例分别针对考虑与不考虑水平地震作用，计算边坡稳定系数。经过多次计算得到了较精确的分析结果，作为比较基准值，即在不考虑水平地震作用的情况下边坡稳定系数为 1.39，当考虑水平地震作用的情况下边坡稳定系数为 1.0(地震峰值加速度为 $0.15g$)。

表 10.2　岩土体物理力学参数

土号	岩土体重度/(kN/m^3)	黏聚力/(kN/m^2)	内摩擦角/(°)
1#土	19.5	0.0	38.0
2#土	19.5	5.3	23.0
3#土	19.5	7.2	20.0

实例 2 的边坡形态与几何参数如图 10.3 所示。

同样，采用 DL-SLOPE V1.0 软件，结合瑞典条分法、简化毕肖普法、传递系数法(显式)、传递系数法(隐式)、萨尔玛法(透水)和萨尔玛法(不透水)六种计算方法，对其进行稳定性分析。当考虑水平地震影响系数时，输入地震峰值加速度 $0.15g$。实例 2 地震作用下的计算结果如图 10.4 所示。当不考虑水平地震影响时，实例 2 的计算结果如图 10.5 所示。

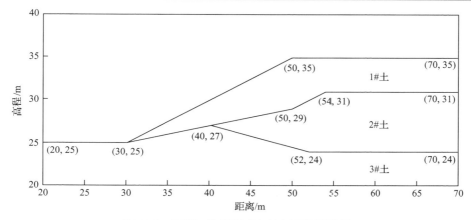

图 10.3　实例 2 边坡形态与几何参数示意图

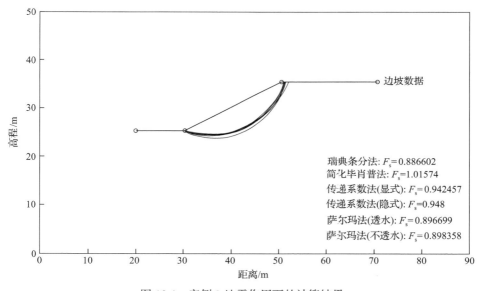

图 10.4　实例 2 地震作用下的计算结果

在此基础上，针对瑞典条分法和简化毕肖普法两种方法，分别对该边坡进行 30 次的稳定性分析计算，验证了算法的可靠性。实例 2 的计算结果如表 10.3 所示。

从图 10.4、图 10.5 和表 10.3 可以看出，不论是考虑还是不考虑水平地震作用，DL-SLOPE V1.0 软件中简化毕肖普法的计算结果均与比较基准值非常接近，误差范围在 2%以内。无论是否考虑地震的作用，瑞典条分法的计算结果均小于比较基准值。

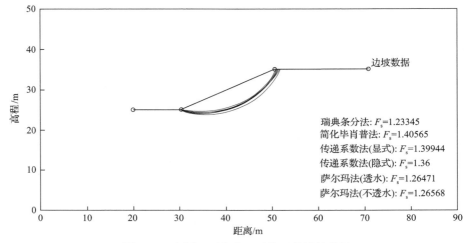

图 10.5　实例 2 不考虑地震作用的计算结果

表 10.3　实例 2 的计算结果

分析方法	是否考虑地震	均值	平方差	变异系数	最大值	最小值	误差范围/%
瑞典条分法	是	0.88652	0.00133	0.00151	0.88848	0.88461	12
	否	1.23229	0.00114	0.00092	1.23376	1.23091	11
简化毕肖普法	是	1.01611	0.00085	0.00083	1.01728	1.01528	2
	否	1.40796	0.00145	0.00147	1.41064	1.40505	2

10.3　典型厂区边坡

1. 工程概况

　　某厂区边坡坡顶地坪设计标高为 1194.5m，储煤场斗轮机轨道距预留边坡顶部边缘为 24m，堆煤宽度和斗轮机轨道宽度总和约为 127m，堆煤高度为 13m，煤的比重为 1，堆煤和斗轮机荷载按 130kPa 均布荷载考虑；煤场挡风墙中心线距预留边坡顶部边缘约为 4.6m，挡风墙基础宽度为 3.5m，基底荷载按 120kPa 均布荷载考虑。边坡坡脚有主厂房及其他建(构)筑物，其地坪设计标高为 1162.50m。

　　按现在场地地形，在储煤场周边及储煤场与主厂房平台间形成高边坡。储煤场与主厂房平台间边坡，高度为 32m，形成 4 级边坡，坡面台阶宽度 3m。预留场地 72m，其中堆煤和斗轮机均布荷载按 130kPa 考虑，挡风墙基底荷载按 120kPa 考虑。以挖方为主，局部冲沟以素土分层碾压回填后放坡。根据上述条件，典型厂区边坡稳定性分析几何模型如图 10.6 所示。

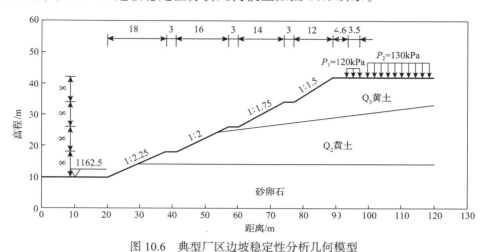

图 10.6　典型厂区边坡稳定性分析几何模型

2. 计算工况

该厂区边坡的地层属性如图 10.6 所示分为三层。第一层为上更新统 Q_3 黄土，岩性以粉土为主，褐黄~黄褐色，可塑~硬塑状态，具有大孔隙，垂直节理发育；第二层为中更新统 Q_2 黄土，岩性以粉质黏土为主，棕红色，硬塑，冲沟两侧可见在该层土的底部分布有坡洪积碎石，且该层土由西向东随地势走向逐渐变薄；第三层为砂卵石，位于 Q_2 黄土的下部，一般粒径为 20~150mm，最大粒径为 500mm，充填中粗砂，成分以砂岩、灰岩为主，稍密~中密，局部夹圆砾或砂层。地层物理力学特性指标如表 10.4 所示。

表 10.4　地层物理力学特性指标

地层编号	地层名称	岩土体重度/(kN/m³)	黏聚力/kPa	内摩擦角/(°)
(1)	Q_3 黄土	16.0	20	25
(2)	Q_2 黄土	18.5	28	25
(3)	砂卵石	21.0	0	35

此外，该厂区边坡所处区域的地震设防烈度为 8 度，因此在考虑地震影响因素时，其基本地震峰值加速度取值为 $0.2g$。

3. 计算结果与分析

该厂区边坡在设计和施工阶段采用 PCSTABL4 程序对边坡的稳定性进行

评价，其核心计算模块为简化毕肖普法，得到的计算结果为 1.5510。现采用 DL-SLOPE V1.0 软件对该厂区边坡进行稳定性评价，分别采用瑞典条分法、简化毕肖普法、传递系数法（显式）、传递系数法（隐式）、萨尔玛法（透水）和萨尔玛法（不透水）六种计算方法。典型厂区边坡计算结果如图 10.7 所示。

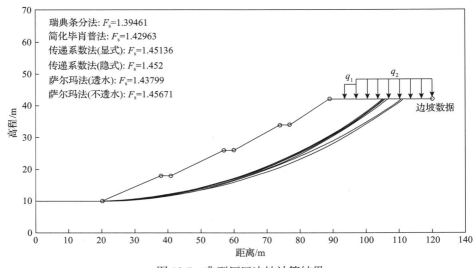

图 10.7　典型厂区边坡计算结果

DL-SLOPE V1.0 软件中简化毕肖普法计算得到的最危险滑动面的稳定系数为 1.43，小于 PCSTABL4 程序的计算结果，说明使用 DL-SLOPE V1.0 软件可以找到边坡更危险滑动面的位置，计算结果更加可靠。

10.4　某土岩复合高边坡稳定性分析

1. 工程概况

某土岩复合高边坡分为两个台阶，低台阶的地坪设计标高为 50m，并且边坡前缘存在地表水，地表水深度约为 4m，水的重度为 $10kN/m^3$；高台阶地坪设计标高为 100~105m，从坡顶向后逐渐抬高。

按现在场地地形，在边坡两个台阶间形成高边坡。两台阶间边坡高度为 50~55m，预留场地为 76m。坡顶存在不均匀堆载，左端距离顶部边缘 9m，荷载集度为 10kPa，右端距离顶部边缘 39m，荷载集度为 20kPa，可看作梯形分布荷载。由于低台阶存在地表水的缘故，地表水除了对边坡有软化作用还对边坡起到了压脚的作用，因此可认为边坡坡脚存在 40kPa 的均布荷载。为了加固边坡，使边坡处于稳定状态，在边坡坡面不同位置加有三道锚索。三道锚索分别处于标高 69m、82m 和 92m 的位置，锚索与水平面的夹角均为 15°，锚索锚固力分别为 1000kN、1000kN 和 800kN。该边坡主要以挖方为主，根据上述条件，某土岩复合高边坡稳定性分析几何模型如图 10.8 所示。

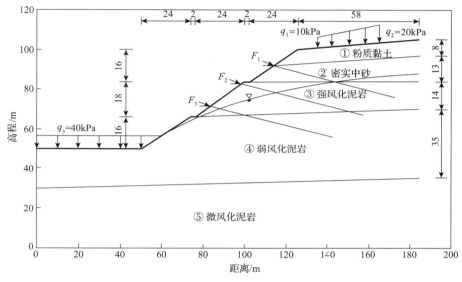

图 10.8　某土岩复合高边坡稳定性分析几何模型

2. 计算工况

该土岩复合高边坡的地层属性分为五层。第一层为粉质黏土；第二层为密实中砂；第三层为强风化泥岩，泥岩节理发育，强度较低；第四层为弱风化泥岩；第五层为微风化泥岩。地层物理力学特性指标如表 10.5 所示。边坡所处区域的地震基本烈度为 8 度，地震峰值加速度取值为 0.2g。

表 10.5　地层物理力学特性指标

地层编号	地层名称	岩土体重度/(kN/m³)	黏聚力/kPa	内摩擦角/(°)
①	粉质黏土	20.0	30	18
②	密实中砂	20.0	0	32
③	强风化泥岩	20.0	40	30
④	弱风化泥岩	22.0	50	35
⑤	微风化泥岩	25.0	75	40

3. 计算结果与分析

根据工程概况和计算工况，构建边坡的几何模型，并采用 DL-SLOPE V1.0 软件对该边坡进行稳定性评价，分别采用瑞典条分法、简化毕肖普法、传递系数法（显式）、传递系数法（隐式）、萨尔玛法（透水）和萨尔玛法（不透水）六种计算方法，得到某土岩复合高边坡计算结果如图 10.9 所示。

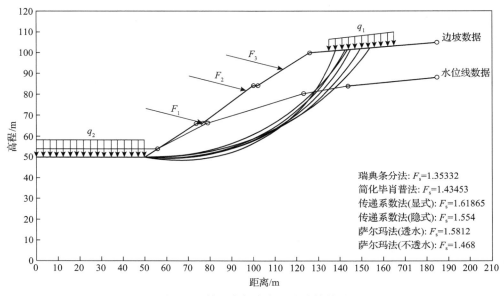

瑞典条分法: F_s=1.35332
简化毕肖普法: F_s=1.43453
传递系数法(显式): F_s=1.61865
传递系数法(隐式): F_s=1.554
萨尔玛法(透水): F_s=1.5812
萨尔玛法(不透水): F_s=1.468

图 10.9　某土岩复合高边坡计算结果

从图 10.9 可以看出，六种计算方法的计算结果虽然略有差异，但是最危险滑动面的位置必定包络在六种计算方法所确定滑动面的包络带内。瑞典条分法计算得到的边坡安全系数最小，为 1.35，所以边坡整体处于稳定状态，并有一定的安全储备。

10.5　典型岩质边坡稳定性分析

岩质边坡不同于土质边坡，土质边坡最危险滑动面多采用搜索的方法得到，而对于岩质边坡，特别是存在软弱结构面的岩质边坡，其最危险的滑动面可以人为指定，不需要人为搜索。其滑动面的类型可能是平面滑动，也可能是折线滑动。分析该种岩质边坡的稳定性只能采用传递系数法（显式）、传递系数法（隐式）、萨尔玛法（透水）和萨尔玛法（不透水）等计算方法。典型岩质边坡稳定性分析几何模型如图 10.10 所示。

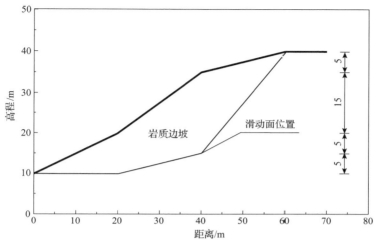

图 10.10　典型岩质边坡稳定性分析几何模型

该边坡滑动面受地质作用和风化作用,其滑动面的物理力学参数相对岩体自身的物理力学参数相差较多,取结构面处的黏聚力 $c=30kPa$,内摩擦角 $\varphi=15°$。分别采用传递系数法(显式)、传递系数法(隐式)、萨尔玛法(透水)、萨尔玛法(不透水)等计算方法对其进行稳定性分析。典型岩质边坡计算结果如图 10.11 所示。可以看出,针对岩质边坡的稳定性评价,四种计算方法的计算结果是较为接近的。

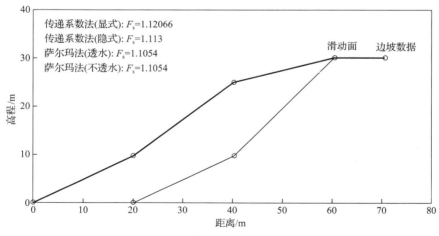

图 10.11　典型岩质边坡计算结果

参 考 文 献

[1] 工程地质手册编委会. 工程地质手册. 5版. 北京: 中国建筑工业出版社, 2018.

[2] 重庆市城乡建设委员会. 建筑边坡工程技术规范 (GB 50330—2013). 北京: 中国建筑工业出版社, 2014.

[3] 冯忠居, 孟莹莹, 霍建维, 等. 改扩建公路岩质高边坡爆破开挖稳定性分析. 建筑科学与工程学报, 2023, 40 (1): 112-122.

[4] 郑颖人, 陈祖煜, 王恭先, 等. 边坡与滑坡工程治理. 北京: 人民交通出版社, 2007.

[5] 姚爱军, 薛廷河. 复杂边坡稳定性评价方法与工程实践. 北京: 科学出版社, 2008.

[6] 王力, 陈玙珊, 王世梅, 等. 基于能量守恒理论的波浪侵蚀土质岸坡范围预测方法. 工程科学与技术, 2023. 9, 55 (5): 169-180.

[7] 祁生文, 伍法权. 高地应力地区河谷应力场特征. 岩土力学, 2011, 32 (5): 1460-1464.

[8] 高冯, 李小军, 迟明杰. 基于有限元强度折减法的单双面边坡稳定性分析. 工程地质学报, 2020, 28 (3): 650-657.

[9] 徐文刚, 余旭荣, 年廷凯, 等. 基于FLAC3D的三维边坡稳定性强度折减法计算效率改进算法及其应用. 吉林大学学报 (地球科学版), 2021, 51 (5): 1347-1355.

[10] 中交第二公路勘察设计研究院有限公司. 公路路基设计规范 (JTG D30—2015). 北京: 人民交通出版社, 2015.

[11] 中华人民共和国建设部. 铁路工程抗震设计规范 (GB 50111—2006). 北京: 中国计划出版社, 2009.

[12] 中交路桥技术有限公司. 公路工程抗震规范 (JTG B02—2013). 北京: 人民交通出版社, 2014.

[13] 水电水利规划设计总院. 水电工程边坡设计规范 (NB/T 10512—2021). 北京: 中国水利水电出版社, 2021.

[14] 马忠政, 祁红卫, 侯学渊. 边坡稳定验算中全面搜索的一种新方法. 岩土力学, 2000, 21 (3): 256-259.

[15] 莫海鸿, 唐超宏, 刘少跃. 应用模式搜索法寻找最危险滑动圆弧. 岩土工程学报, 1999, 21 (6): 696-699.

[16] 李倩, 凌天清, 韩林峰, 等. 加筋土挡墙地震稳定性破裂面随机搜索法. 西南交通大学学报, 2021, 56 (4): 801-808.

[17] 殷建华, 陈健, 李焯芬. 岩土边坡稳定性的刚体有限元上限分析法. 岩石力学与工程学报, 2004, 23 (6): 898-905.

[18] 杨天鸿, 王赫, 董鑫, 等. 露天矿边坡稳定性智能评价研究现状、存在问题及对策. 煤炭学报, 2020, 45 (6): 2277-2295.

[19] 黄玮, 徐卫亚, 陈鸿杰, 等. 基于改进动态规划算法的堆积体边坡稳定性分析. 地下空间与工程学报, 2014, 10(3): 727-732.

[20] 曾鹏, 王宇豪, 张天龙, 等. 基于 NSGA-Ⅱ遗传算法的黄土滑坡参数反分析与稳定性预测[J]. 地球科学, 2023, 48(5): 1675-1685.

[21] 石露, 李小春, 任伟, 等. 蚁群算法与遗传算法融合及其在边坡临界滑动面搜索中的应用. 岩土力学, 2009, 30(11): 3486-3492.

[22] 孙聪, 郑宏, 李春光, 等. 基于蚁群算法的严格最大剩余推力临界滑动面搜索. 岩土力学, 2014, 35(10): 3021-3026.

[23] 高玮, 张鲁渝, 张飞君. 边坡临界滑动面搜索的奖惩蚁群算法研究. 水利学报, 2012, 43(2): 209-215.

[24] 周珂, 黄小城, 雷德阳, 等. 平面剪切岩质边坡滑裂面的确定及稳定性分析. 地质科技通报, 2022, 41(2): 325-334.

[25] 邹广电, 陈永平. 滑坡和边坡稳定性分析的模拟退火-随机搜索耦合算法. 岩石力学与工程学报, 2004, 23(12): 2032-2037.

[26] 高玮, 冯夏庭. 基于仿生算法的滑坡危险滑动面反演(1)——滑动面搜索. 岩石力学与工程学报, 2005(13): 2237-2241.

[27] 水利部水利水电规划设计总院. 土工合成材料应用技术规范(GB/T 50290—2014). 北京: 中国计划出版社, 2015.

[28] 中华人民共和国交通运输部. 公路土工合成材料应用技术规范(JTG/T D32—2012). 北京: 人民交通出版社, 2012.

[29] Bishop A W. The use of the slip circle in the stability analysis of slopes. Géotechnique, 1955, 5(1): 7-17.

[30] Sarma S K. Stability analysis of embankments and slopes. Géotechnique, 1973, 23(3): 423-433.

[31] 夏雨, 康哲民, 龙嘉欣, 等. 基于单纯形寻优的响应面可靠性分析方法. 计算力学学报, 2019, 36(4): 448-453.

[32] 沙成满, 边丹, 杨冬梅. 单纯形微粒群算法在确定路堤安全系数中的应用. 东北大学学报(自然科学版), 2016, 37(6): 890-894.

[33] 吕进国, 姜耀东, 赵毅鑫, 等. 基于稳健模拟退火-单纯形混合算法的微震定位研究. 岩土力学, 2013, 34(8): 2195-2203.